collection **dialogues**

Histoire Géographie-EMC

Cahier de cours et d'activités

NOUVEAU PROGRAMME 2019

Sous la direction d'Éric Godeau

Dominique Delmas
Rémi Houley
Alexandra Monot
Mélina Pierallini
Thomas Reyser
Aurélie Tapie
Roland Tissot

Nathan TECHNIQUE

© NATHAN 2020 – 92, avenue de France – 75702 Paris Cedex 13
ISBN 978-2-09-167115-4

Avec ce livre, une licence **i-MANUEL 2.o**

Le i-Manuel 2.0, un outil simple d'utilisation qui reprend l'ensemble des contenus de ce livre sous forme numérique et interactive.

Il permet d'accéder au contenu de ce manuel à tout moment et en tout lieu sur un ordinateur ou une tablette. L'utilisateur peut donc passer du papier au numérique et choisir le support qui lui convient le mieux selon le travail à faire et le lieu où il se trouve.

Une véritable interactivité entre l'enseignant et sa classe

▶ Piloter la classe : assurer le suivi du travail des élèves à distance et en cours (recevoir et envoyer du travail, faire des commentaires, intervenir en temps réel)

▶ Intégrer et envoyer à la classe, à un ou plusieurs élèves, des documents personnels

▶ Afficher les corrigés ou la correction individuelle du travail de l'élève

▶ Vidéoprojeter en classe les activités, les documents et les corrections pour animer les cours et travailler collectivement

▶ Télécharger la version papier pour une utilisation sans connexion

▶ Imprimer des documents pour mettre les élèves en situation d'examen

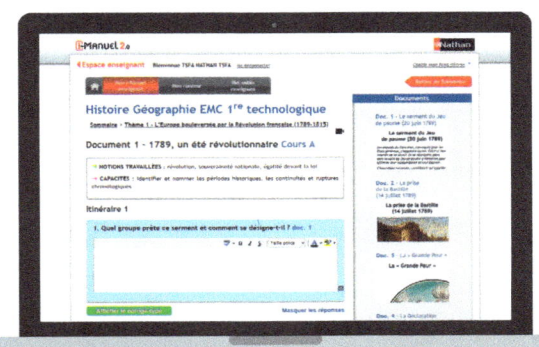

Des fonctionnalités innovantes pour favoriser l'intérêt, la motivation et l'implication des élèves

▶ Saisir les réponses en travaillant sur ordinateur ou tablette

▶ Faire les activités et les exercices, préparer ou réviser le cours en classe ou à la maison

▶ Accéder directement aux ressources numériques, vidéos, logiciels professionnels, fichiers élèves...

▶ Sauvegarder le travail effectué dans un dossier (classeur)

▶ Envoyer le travail à son professeur

▶ S'enregistrer, s'auto-évaluer et se former aux outils numériques

Toutes les infos et les tutos sur www.nathan.fr/i-manuel2

Sommaire

EMC

1 De reculs en avancées, l'enracinement de la République (1789-1940)

INTRODUCTION

La Révolution de 1789 invente une nouvelle France où le pouvoir appartient au peuple des citoyens libres et égaux en droits. Entre 1815 et 1870, reculs et avancées démocratiques alternent avec une succession de régimes politiques instables. À partir de 1870, le régime républicain parvient à s'enraciner dans la durée.

PROBLÉMATIQUES

▶ Comment la démocratie progresse-t-elle entre 1789 et 1870 ?
COURS 1 ▸

▶ Comment la IIIe République enracine-t-elle le régime républicain en France ? **COURS 2 ▸**

DES CLÉS POUR COMPRENDRE

❝ Démocratie, république, est-ce la même chose ?

Démocratie

➡ On appelle *démocratie* un système politique dans lequel les dirigeants sont élus par des citoyens libres et égaux en droits.

➡ La démocratie implique aussi la séparation des pouvoirs :
– pouvoir **législatif** : celui de faire les lois ;
– pouvoir **exécutif** : celui de faire appliquer les lois ;
– pouvoir **judiciaire** : celui de juger.

➡ Les 4 piliers de la démocratie

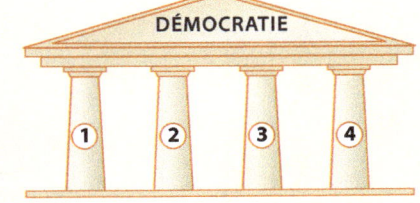

DÉMOCRATIE
① ② ③ ④

① Une Constitution qui fixe les règles

② Le suffrage universel pour tous

③ Les droits et libertés fondamentales

④ La séparation des trois pouvoirs : législatif, exécutif et judiciaire

République

➡ En France, la démocratie a pris au XIXe siècle une forme originale que l'on appelle *république*.

➡ La France a connu **5 Républiques** :

– Ire République : 1792-1804

– IIe République : 1848-1851

– IIIe République : 1870-1940

– IVe République : 1946-1958

– Ve République : de 1958 à nos jours

Attention !
Le terme *république* ne désigne pas toujours un régime démocratique ! Par exemple, la République populaire de Chine n'est pas une démocratie.

Doc. 1 Les grands régimes politiques de 1789 à 1940

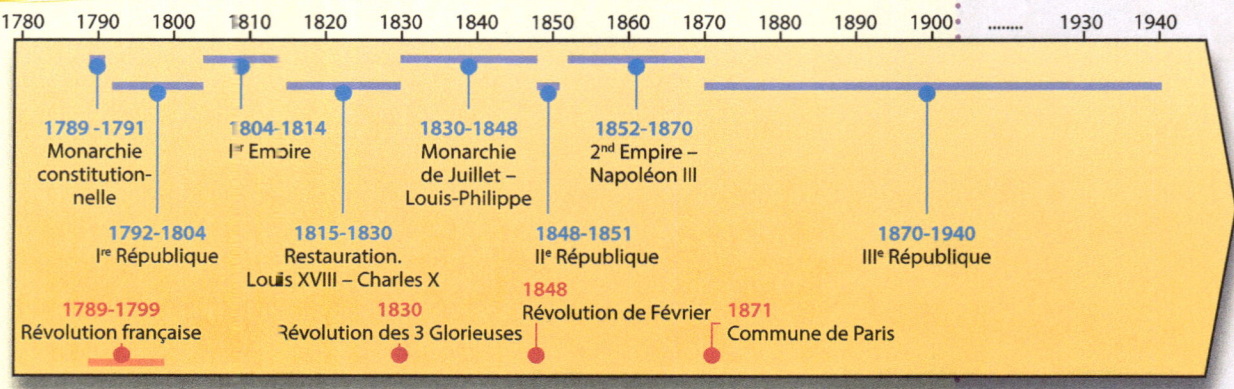

1780 1790 1800 1810 1820 1830 1840 1850 1860 1870 1880 1890 1900 .... 1930 1940

1789 -1791
Monarchie constitutionnelle

1804-1814
Ier Empire

1830-1848
Monarchie de Juillet – Louis-Philippe

1852-1870
2ⁿᵈ Empire – Napoléon III

1792-1804
Iʳᵉ République

1815-1830
Restauration. Louis XVIII – Charles X

1848-1851
IIᵉ République

1870-1940
IIIᵉ République

1789-1799
Révolution française

1830
Révolution des 3 Glorieuses

1848
Révolution de Février

1871
Commune de Paris

Doc. 2 Le triomphe de la République

▲ Affiche célébrant le centenaire de la République (1892).

QUESTIONS

1. Combien de régimes politiques se sont succédé entre 1789 et 1940 ? Doc.1

....

....

2. À quel régime politique le document correspond-il ? Doc.2

....

....

3. Entourez les différents symboles de la République qui apparaissent sur cette affiche. Doc.2

Avancées et reculs de la démocratie de 1789 à la IIIᵉ République

Doc. 1 Un moment fondateur : la Déclaration des droits de l'homme et du citoyen du 26 août 1789

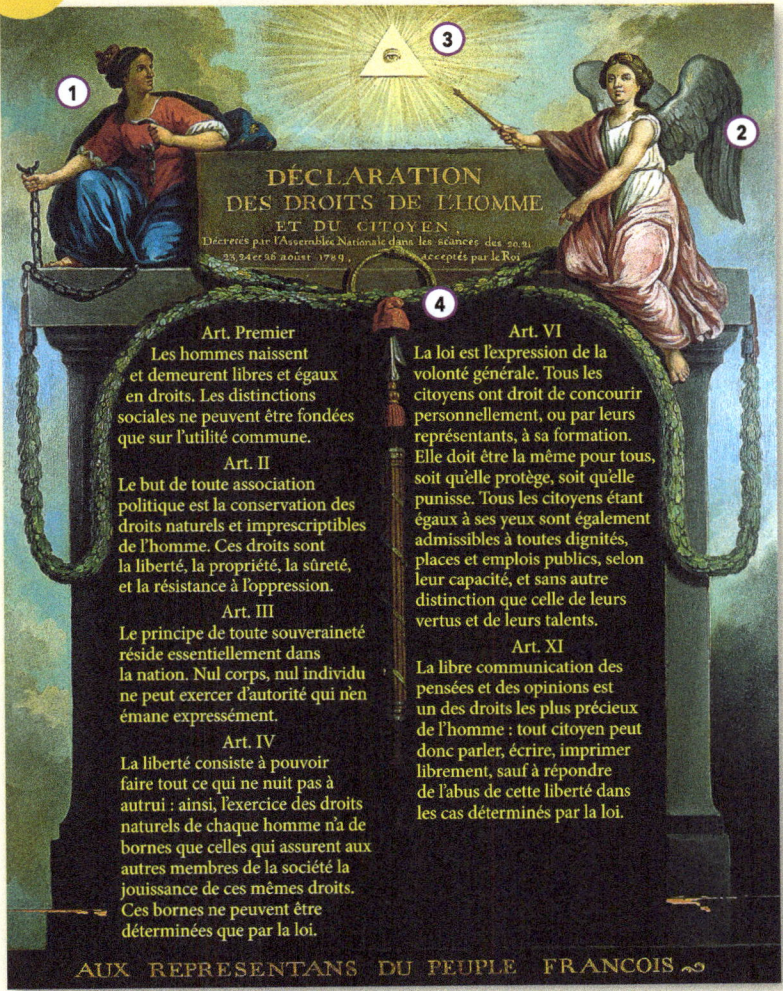

Jean-Jacques-François Barbier, huile sur bois, vers 1789, musée Carnavalet, Paris.

① La France brise les chaînes de l'Ancien Régime.

② L'ange de la liberté tient le sceptre du pouvoir.

③ L'œil et le soleil représentent les Lumières et la raison, le triangle l'égalité.

④ Le bonnet phrygien, symbole de la liberté retrouvée, surmonte la pique, symbole du peuple en armes.

Doc. 2 Un recul : le règne de Charles X (1824-1830)

Portrait de Charles X en costume de sacre, huile sur toile, 1829, musée Bonnat, Bayonne.

Le roi Charles X partisan d'un retour à l'Ancien Régime rejette les avancées démocratiques liées à la Révolution française.

Doc. 3 Une avancée décisive : la révolution de février 1848

Après le pillage du palais des Tuileries, les insurgés brûlent le trône royal sur la place de la Bastille à Paris. Le roi Louis-Philippe est renversé par l'insurrection populaire et la République est mise en place.

◄ Le peuple brûle le trône de Louis-Philippe, place de la Bastille, lithographie couleur, BNF, Paris.

Doc. 4 L'enracinement de la démocratie sous la IIIᵉ République

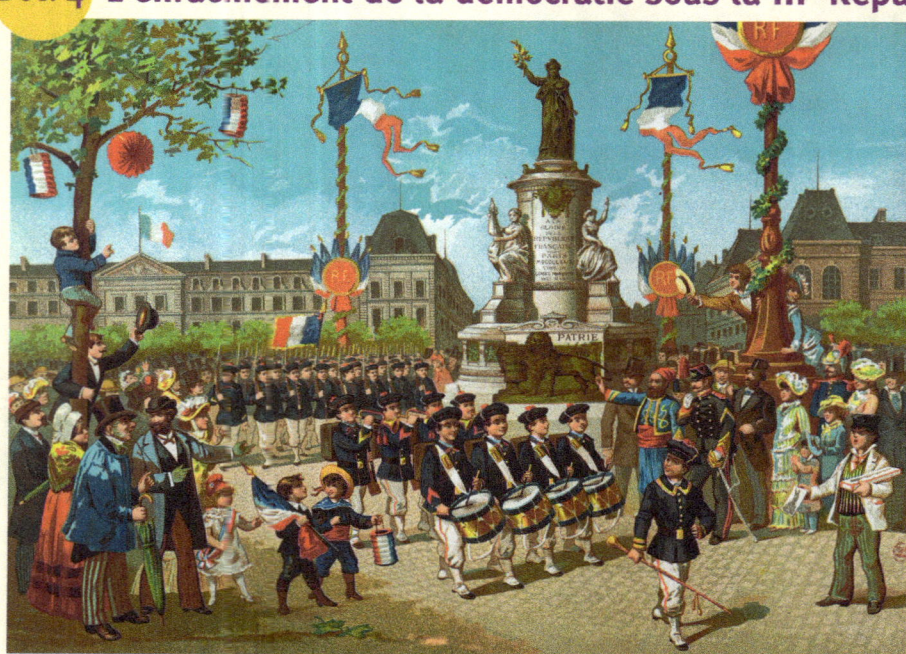

La démocratie s'enracine sous la IIIᵉ République à partir de 1870. Le régime dure jusqu'en 1940.

◄ Célébration de la République, le 14 juillet 1883 à Paris, place de la République, lithographie, musée Carnavalet, Paris.

Activité d'écriture

Écrire un plaidoyer pour la démocratie

Vous défendez les valeurs de la démocratie à travers un texte argumenté en vous appuyant sur les différents documents.

• Formulez trois arguments en faveur de la démocratie : vous pouvez chercher à convaincre par le raisonnement ou à persuader par les sentiments votre interlocuteur.

• Illustrez concrètement vos arguments par des exemples historiques issus des documents.

• Utilisez la 1ʳᵉ personne du singulier (« je ») pour montrer votre implication dans votre argumentation.

• Employez le présent (de vérité générale) pour argumenter et les temps du passé (imparfait ou passé composé) pour relater des faits historiques.

----➔ Faites votre travail sur une feuille séparée.

Le lexique de l'argumentation

Pour donner son point de vue :
À mon avis... – Je soutiens l'idée que... – Il me semble que... – Je plaide en faveur de... – Je m'oppose à...

Pour introduire un exemple :
Par exemple... – Comme le montre... – Si l'on regarde...

Pour organiser son propos :
Commençons par... – Rappelons ensuite que... – En dernier lieu, voyons...

1 Comment la démocratie progresse-t-elle entre 1789 et 1870 ?

COURS

1 Les bouleversements de la Révolution française

La Révolution française marque une rupture décisive avec l'Ancien Régime, car elle abat la **monarchie** absolue et une société d'ordres inégalitaire fondée sur les privilèges. La Déclaration des droits de l'homme et du citoyen du 26 août 1789 fixe les principes du nouveau régime politique et social inspiré des Lumières : **souveraineté nationale**, égalité des citoyens devant la loi, libertés individuelles. En 1791, une **Constitution** répartit les pouvoirs entre le roi et une Assemblée élue par les citoyens. Si les pauvres et les femmes sont exclus du droit de vote, ils font tout de même l'apprentissage de la démocratie en participant aux journées révolutionnaires et aux grands débats. **Doc.1 p. 15**

2 De la République à l'Empire (1789-1815)

En 1792, la **République** est proclamée : elle apporte de nouveaux droits et libertés. Mais la guerre engagée contre les monarchies européennes met la République en danger. Pour se sauver, elle décide de lever une armée de citoyens et de restreindre certaines libertés : c'est la Terreur (1793-1794).

Napoléon établit en 1804 un empire qu'il gouverne de manière autoritaire. Il étend la domination française en Europe et diffuse dans l'Empire les idées de la Révolution, comme l'égalité devant la loi, grâce au **Code civil** (1804). **Doc.2 p. 15** En 1815, la coalition des monarchies européennes finit par vaincre Napoléon à Waterloo et impose le retour à la monarchie.

3 Avancées et reculs démocratiques (1815-1870)

Dans la monarchie restaurée (1815-1848), une constitution partage le pouvoir du roi avec une Assemblée élue. Mais seuls les plus riches votent (suffrage censitaire) et les libertés sont limitées. Cela entraîne les révolutions de 1830 et de 1848.

La IIe République (1848-1851) reprend l'héritage de la Révolution française : elle met en place en 1848 le **suffrage universel**, mais uniquement masculin. **Doc.3 p. 16** Les libertés de presse et de réunion nécessaires à la **démocratie** sont également rétablies.

Sous le régime autoritaire du Second Empire (1852-1870), Napoléon III restreint les libertés. Il conserve le suffrage universel masculin qu'il contrôle : les multiples occasions de voter continuent d'habituer les Français à participer à la vie politique.

NOTIONS / VOCABULAIRE

▶ **Code civil :** recueil de lois fixant les droits et rapports des individus dans la société.

▶ **Constitution :** loi supérieure aux autres qui répartit les pouvoirs et garantit les droits et libertés.

▶ **Monarchie :** régime politique dans lequel le roi possède tous les pouvoirs qu'il obtient de manière héréditaire.

▶ **Souveraineté nationale :** principe selon lequel le pouvoir vient de la nation, c'est-à-dire de l'ensemble des citoyens.

▶ **Suffrage universel :** système électoral dans lequel tous les citoyens ont le droit de vote.

JE RETIENS **LE COURS**

1 Dites de quand datent la Déclaration des droits de l'homme et du citoyen et le Code civil.

....

....

2 Citez la grande avancée démocratique de 1848.

....

....

→ Voir Je comprends le cours p. 15.

2 Comment la IIIe République enracine-t-elle le régime républicain en France ?

COURS

1 La IIIe République s'enracine

Proclamée en septembre 1870, la IIIe République met quelques années à s'installer. Il s'agit d'un régime parlementaire : la Chambre des députés, élue au suffrage universel, exerce avec le Sénat le pouvoir législatif et contrôle le pouvoir exécutif (gouvernement et président de la République). **Doc 1 p. 17**

Les républicains comme Léon Gambetta, Jules Ferry ou Georges Clemenceau mettent en œuvre un projet inspiré des principes de 1789. Les libertés individuelles et collectives sont étendues : liberté de la presse et de réunion (1881-1882), droit de se syndiquer, droit d'élire son maire, droit à l'instruction : l'école primaire devient gratuite, obligatoire et laïque. Les **libertés individuelles et collectives** (syndicalisme, droit de grève) sont garanties. La loi sur la **laïcité** de 1905 garantit la liberté de conscience et la pratique du vote se répand. **Doc.2 p. 17**

Partout se dressent les mairies-écoles avec leurs symboles : Marianne, le drapeau tricolore et la devise « Liberté, Égalité, Fraternité ». Des célébrations comme celle du 14 juillet rassemblent le peuple autour de la République.

2 Une République combattante

L'adhésion croissante des Français à la IIIe République se mesure aux résultats des élections : en 1871, un quart des députés sont républicains ; en 1892, les trois quarts le sont devenus. La IIIe République parvient à vaincre ses adversaires **nationalistes** et **antisémites** lors des crises comme l'affaire Dreyfus (1898-1906).

Le régime est renforcé par sa victoire dans la Première Guerre mondiale. Toutefois, dès le retour à la paix, la contestation se développe, surtout dans les milieux de l'extrême droite autoritaire et **xénophobe**. À partir de 1931, face à la crise économique, l'inefficacité des gouvernements et les affaires de corruption permettent à l'extrême droite de contester la République dans la rue (émeutes du 6 février 1934). La réaction de défense républicaine des partis de gauche amène au pouvoir le Front populaire en 1936. **Doc.3 p. 18** Celui-ci prend des mesures comme les congés payés et la semaine de 40 heures, qui renforcent l'attachement des couches populaires à la République. Mais c'est très affaiblie par ses divisions que la IIIe République aborde l'entrée en guerre en 1939.

NOTIONS / VOCABULAIRE

▸ **Antisémitisme :** haine des juifs.

▸ **Laïcité :** principe par lequel l'État ne favorise aucun culte. La liberté de conscience et de religion est garantie mais elle s'exerce dans le cadre de la vie privée.

▸ **Libertés individuelles et collectives :** voir les **Clés pour comprendre** p. 147.

▸ **Nationalisme :** sentiment d'attachement passionné à son pays, agressivité à l'égard des autres.

▸ **Xénophobie :** sentiment de rejet des étrangers.

JE RETIENS **LE COURS**

1 Précisez quel type de régime politique est la IIIe République.

....

2 Citez les libertés conquises en 1881 et 1882.

....

....

....

3 Que se passe-t-il en 1936 ?

....

....

....

➔ Voir **Je comprends le cours** p. 17.

1 Comment la démocratie progresse-t-elle entre 1789 et 1870 ?

Doc. 1 Un club de citoyennes révolutionnaires

Ces femmes se réunissent au sein d'un club pour commenter les décisions de l'Assemblée et faire des propositions. Elles rassemblent également de l'argent pour venir en aide aux citoyens qui sont dans le besoin. *Club patriotique de femmes*, gouache de Lesueur, musée Carnavalet, Paris.

1 De quelles manières ces femmes participent-elles à la Révolution et aux progrès de la démocratie ?

....

....

....

....

....

....

....

Doc. 2 La diffusion des idées de la Révolution par le Code civil

Ce que désirent avec impatience les peuples d'Allemagne, c'est que les individus qui ne sont point nobles et qui ont des talents aient un droit égal à votre
5 considération et à vos emplois, c'est que toute espèce de servage[1] soit entièrement abolie. Les bienfaits du Code Napoléon[2], l'établissement des jurys [pour les procès] seront autant de carac-
10 tères distincts de votre monarchie. Il faut que vos peuples jouissent d'une liberté, d'une égalité, d'un bien-être inconnu aux peuples de la Germanie. Les peuples d'Allemagne, ceux de France, d'Italie,
15 d'Espagne désirent l'égalité et veulent des idées libérales.

Lettre de Napoléon Ier
à son frère Jérôme, roi de Westphalie,
15 novembre 1807.

1. Condition d'une personne qui n'a pas de liberté totale et qui a des obligations (impôts, corvées) vis-à-vis de son seigneur. 2. Code civil.

2 Entourez le nom de l'auteur de la lettre.

3 Soulignez les idées de la Révolution dont parle cet auteur.

4 Nommez le texte qui doit garantir l'application de ces idées. **Doc.3**

....

....

Doc. 3 Une avancée décisive : le suffrage universel masculin sous la IIᵉ République

Goldmid et Sorieu, *Le Suffrage universel. Dédié à Ledru-Rollin*, lithographie, 1850, musée Carnavalet, Paris.

1 Ledru-Rollin : chef républicain, opposant à la monarchie.

2 L'urne du suffrage universel.

3 La République représentée par Marianne, tenant la torche des Lumières et la table des droits de l'homme.

4 Une presse symbolisant la liberté de la presse.

5 La société du passé figée et inquiète.

6 La société de la IIᵉ République, unie et égalitaire.

5 Nommez l'avancée démocratique mise en avant par le document.

....

6 Entourez les éléments montrant que cette avancée démocratique s'inspire de la Révolution française.

7 En vous aidant des pastilles 3 à 6, identifiez les valeurs de la IIᵉ République.

....

....

....

....

....

(2 Comment la IIIᵉ République enracine-t-elle le régime républicain en France ?

Doc. 1 La Chambre des députés : une institution au cœur de la démocratie

◄ René-Achille Rousseau-Decelle, *Séance à la Chambre des députés en 1907*, huile sur toile, Palais-Bourbon, Paris. Sous la IIIᵉ République, la Chambre des députés, élue au suffrage universel masculin, détient le pouvoir législatif.

1 Nommez l'institution représentée et le pouvoir dont elle dispose.

....

....

2 Décrivez la scène ici représentée.

....

....

....

....

🔍 **RECHERCHE**

Retrouvez un grand discours parlementaire de la IIIᵉ République :

● Rendez-vous sur le site www.assemblee-nationale.fr et suivez le chemin suivant : Connaître l'Assemblée / Histoire / Les grands discours parlementaires / Troisième République.

● Choisissez un discours puis relevez sa date, son auteur et son thème.

Notes

....

....

....

....

....

....

Doc. 2 La démocratie progresse

La liberté absolue de la Presse Républicaine a permis au plus humble village de connaître la vérité exacte sur les actes du Gouvernement.

Son effort de prédilection s'est porté sur les lois d'éducation nationale, le budget des Écoles a été doublé, et l'instruction de tous assurée.

Aussi, vis-à-vis de ces Résultats, Peuple Français ! Va nommer tes nouveaux députés et vote solennellement pour la République !

▲ Gravure colorisée, vers 1881. Musée Carnavalet, Paris.

3 Nommez les droits et libertés garantis par la République.

....

....

4 Relevez les symboles républicains présents sur les vignettes.

....

....

Doc. 3 Le Front populaire : un grand moment républicain

5 Décrivez la photographie : les personnes, leur attitude, les symboles mis en avant.

....

....

....

....

6 Relevez les valeurs défendues par les manifestants.

....

....

....

Défilé républicain lors du Front populaire. ▲

1 Comment définir la République et ses symboles ?

Définir la République et identifier ses symboles

La Ire République naît en France sous la Révolution, en rupture avec le système monarchique de l'Ancien Régime. Elle renaît brièvement entre 1848 et 1851 (IIe République), mais c'est avec la IIIe République qu'elle installe dans la durée un fonctionnement et une culture démocratiques.

DÉMARCHE

ÉTAPE 1

Répondez aux questions se rapportant aux documents 1 à 3 p. 19-20.

ÉTAPE 2

Vérifiez que vous maîtrisez la capacité en complétant le schéma ci-dessous.

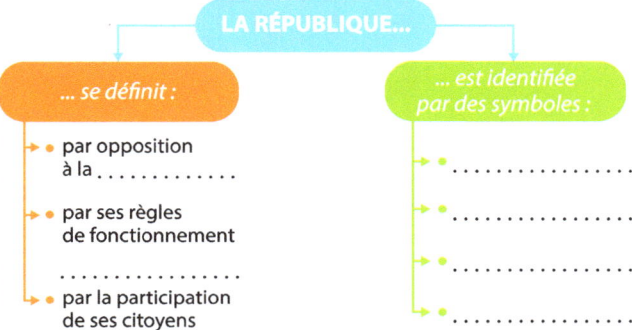

LA RÉPUBLIQUE...

... se définit :
- par opposition à la . . . .
- par ses règles de fonctionnement
. . . .
- par la participation de ses citoyens

... est identifiée par des symboles :
- . . . .
- . . . .
- . . . .
- . . . .

Doc. 1 Monarchie contre République

Dessin de Walter Crane paru dans *Le Figaro*, 1892.

1 Entourez les défauts associés à la monarchie.

2 Expliquez à l'oral les avantages de la République selon l'auteur.

Doc. 2 Les institutions de la IIIᵉ République

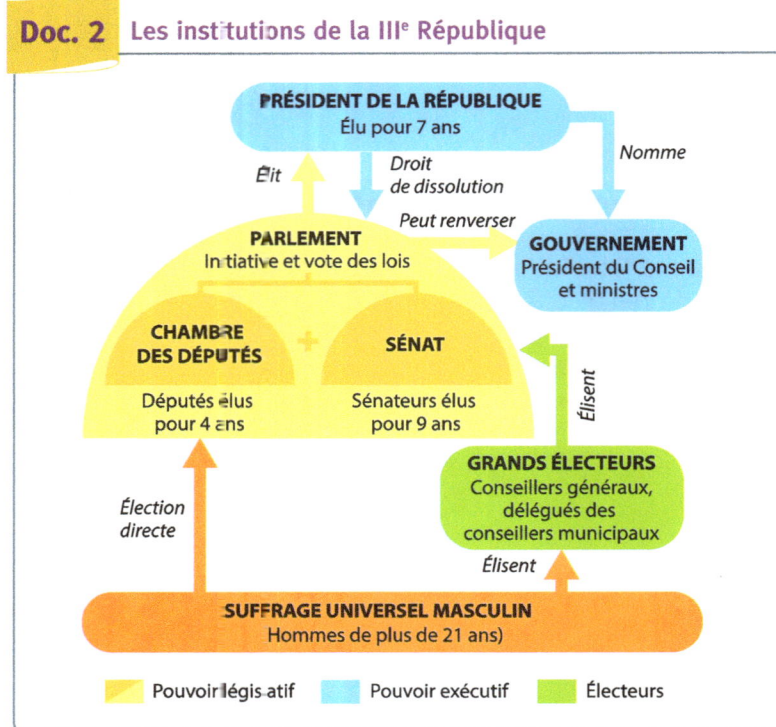

Pouvoir législatif Pouvoir exécutif Électeurs

3 D'après l'organigramme, donnez deux preuves pour démontrer que la IIIᵉ République est un régime démocratique.
Pour répondre, aidez-vous des Clés pour comprendre p. 9.

....
....
....
....
....
....
....
....

Doc. 3 La partition de *La Marseillaise*

La Marseillaise a été composée en 1792 par Rouget de l'Isle. La IIIᵉ République en a fait l'hymne national en 1879. Carte postale, vers 1906.

4 Entourez les différents symboles de la République française représentés sur le document.

5 Nommez, d'après vos connaissances, un autre symbole de la République française.

....

2 Quels régimes politiques se succèdent en France entre 1789 et 1940 ?

Compléter une frise chronologique des régimes politiques de la France de 1789 à 1940

À partir de 1789, la France connaît une série de régimes de nature différente : républiques, monarchies, empires. Leur existence est brève, généralement interrompue par des révolutions ou des coups d'État. C'est seulement à partir de 1870 que la vie politique se stabilise avec la IIIe République.

DÉMARCHE

Placez d'abord les noms des régimes manquants en A, B, C et D.
Soulignez les noms des régimes : en rouge s'il s'agit d'un régime démocratique, en bleu s'il s'agit d'un régime monarchique.
Puis nommez dans les cases 1, 2, 3 et 4 les événements qui provoquent un changement de régime politique.

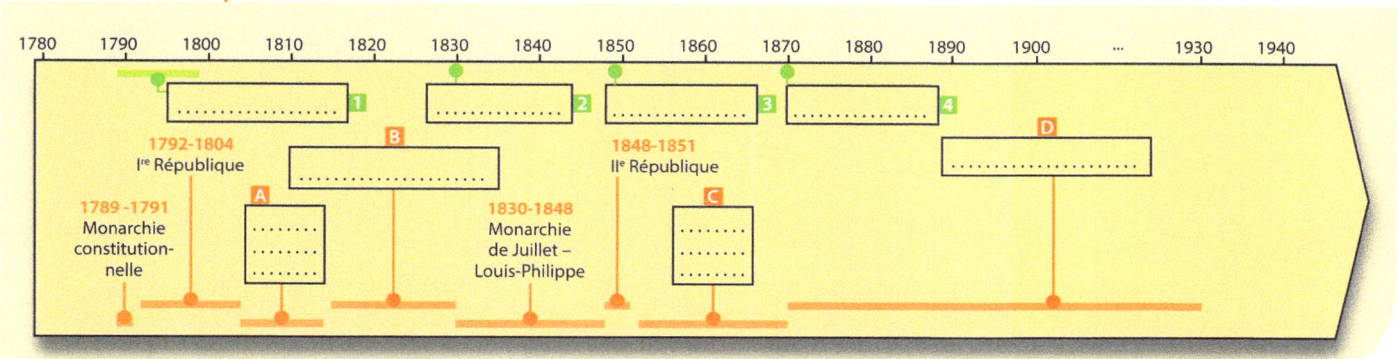

Doc. 1 La succession des régimes politiques

Nom du régime politique	Période	Caractéristiques du régime
Monarchie absolue (Ancien Régime)	Avant 1789	Monarque héréditaire, de droit divin, cumulant tous les pouvoirs.
Monarchie constitutionnelle	1789-1791	Souveraineté partagée entre le roi et l'Assemblée nationale. Citoyens libres et égaux.
République	1792-1804	Souveraineté exercée par l'Assemblée élue jusqu'en 1799. Après son coup d'État du 18 brumaire 1799, Napoléon Bonaparte gouverne avec de très larges pouvoirs.
1er Empire	1804-1814	Empereur des Français, Napoléon dirige seul la France. Les libertés sont restreintes.
Restauration	1815-1830	Louis XVIII puis Charles X gouvernent la France en monarques héréditaires. Droits et libertés sont restreints.
Monarchie de Juillet	1830-1848	Louis-Philippe, roi des Français. Droits et libertés sont restreints.
IIe République	1848-1851	Suffrage universel masculin. Pouvoirs partagés entre l'Assemblée et l'exécutif. Abolition de l'esclavage.
2nd Empire	1852-1870	Louis-Napoléon Bonaparte, empereur, dirige la France avec de larges pouvoirs. Libertés restreintes.
IIIe République	1870-1940	Suffrage universel masculin. Pouvoirs séparés. Droits et libertés fondamentales étendus.

3 Dans quel contexte la France a-t-elle aboli l'esclavage ?

Situer un événement dans son contexte pour l'expliquer

La France a longtemps été une puissance esclavagiste. Or, au XIXᵉ siècle, les progrès de la démocratie deviennent incompatibles avec l'esclavage.

DÉMARCHE

 TRAVAIL ORAL

ÉTAPE 1
À l'oral, décrivez cette scène.

ÉTAPE 2
À l'aide du tableau p. 21, dites sous quel régime politique l'esclavage a été aboli. En quoi est-ce une avancée démocratique ?

....

....

....

....

Abolir signifie mettre fin « définitivement ».

Doc. 1 L'abolition de l'esclavage en 1848

▲ François-Auguste Biard, *L'Abolition de l'esclavage dans les colonies françaises*, huile sur toile, 1849, musée du château de Versailles.

Je vérifie mes connaissances

A **Reliez chaque terme à sa définition.**

a. République

b. Monarchie

c. Souveraineté nationale

1. Source du pouvoir en démocratie

2. Régime politique où le pouvoir est électif et qui fonctionne de manière démocratique

3. Régime politique où le pouvoir est héréditaire

B **Citez trois acteurs majeurs des avancées démocratiques aux XIXᵉ et XXᵉ siècles.**

- ....
- ....
- ....

C **Associez chaque événement à la période à laquelle il s'est produit.**

a. Lois scolaires

b. Révolution française

c. Front populaire

1. 1936-1938

2. 1881-1882

3. 1789-1799

D **Entre 1789 et 1940, quelle République a duré le plus longtemps ?**

a. La Première   b. La Deuxième   c. La Troisième

J'écris pour retenir

Complétez le texte avec les mots et expressions suivants :
libertés – suffrage universel – égalité – démocratie – vote.

Sous la Révolution naît une nouvelle France fondée sur l'...
Entre 1815 et 1870, la France connaît une succession de régimes politiques qui entraîne avancées et reculs de la .... Ils habituent progressivement les Français à la vie politique, en particulier par la pratique du .... La IIIᵉ République enracine un régime républicain fondé sur les principes de 1789 : ....masculin, ... fondamentales.

Je suis capable de...

CAPACITÉS	OUI	NON
Je sais définir la République et identifier ses symboles.		
Je sais compléter une frise chronologique des régimes politiques de la France de 1789 à 1940.		
Je sais situer un événement dans son contexte pour l'expliquer.		

Je m'entraîne

Doc. 1 Célébration de la première fête nationale de la République, le 14 juillet 1880

Gravure de 1880, BNF, Paris. ➤

Questions	Réponses
1. Présentez le document. *Donnez sa nature, sa date, son contexte.*	Le document est une gravure éditée à l'occasion de la première fête nationale de la République, le 14 juillet 1880.
2. Relevez les symboles républicains et les principes démocratiques présents sur l'affiche.	Sont présents sur la gravure le buste de Marianne et le drapeau tricolore, ainsi que « RF », les initiales de la République française.
3. Comment est établi le lien entre la IIIe République et la Révolution française ?	À gauche est représentée la prise de la Bastille le 14 juillet 1789. Au centre, côte à côte, le soldat de la Révolution et le soldat de la IIIe République.
4. Interprétez le document. *Quel est le but d'une telle image ?*	Le but d'une telle affiche est de célébrer la République, d'en faire la propagande à une époque où les monarchistes sont encore nombreux en France. Il s'agit aussi de mettre en avant des vertus et des valeurs auxquelles les populations doivent adhérer.

Doc. 2 Le triomphe de la République

J'applique

1. Présentez le document.
2. Relevez les symboles républicains et les principes démocratiques présents sur l'affiche.
3. Expliquez le document : quels régimes la République a-t-elle balayés ?
4. Interprétez le document.

⟶ Faites votre travail sur une feuille séparée.

Affiche de 1875, musée Carnavalet, Paris. ➤

❶ Henri, comte de Chambord, représentant de la monarchie des Bourbons.
❷ Louis-Napoléon Bonaparte, empereur de 1852 à 1870.

2 Effondrement, refondation et renouvellement de la République (1940-1962)

INTRODUCTION

La IIIᵉ République s'effondre lors de la défaite de 1940. Elle est remplacée par le régime de Vichy, qui collabore avec l'occupant nazi. Les résistants combattent Vichy, et les nazis par patriotisme et au nom des idéaux de la République. En 1944, la République est refondée et la démocratie est renforcée. En 1958, de Gaulle renouvelle profondément les institutions en fondant la Vᵉ République.

PROBLÉMATIQUES

❭ Comment la République prend-elle fin en 1940 avant de renaître après la guerre ? **COURS 1 ▸**

❭ Comment Charles de Gaulle renouvelle-t-il la République (1958-1962) ? **COURS 2 ▸**

DES CLÉS POUR COMPRENDRE

🔍 Qu'appelle-t-on... ?

L'État français

➡ C'est le régime politique mis en place par Philippe Pétain en juillet 1940 pour remplacer la IIIᵉ République.

➡ Ses principales caractéristiques :
– il est antidémocratique ;
– il collabore avec l'Allemagne nazie ;
– il est xénophobe et antisémite.

Le régime de Vichy

➡ L'État français est aussi appelé « régime de Vichy » car il siégeait non pas à Paris (occupé par les Allemands dès l'été 1940) mais dans la ville de Vichy, à la limite entre la France occupée par l'Allemagne et la France dite « libre ».

La France libre

➡ La France libre est l'organisation fondée à Londres par le général de Gaulle en juillet 1940 pour résister au régime de Vichy et à l'Allemagne nazie.

➡ La France libre lutte pour défendre les valeurs de la République.

➡ Son symbole est la croix de Lorraine.

Doc. 1 La France politique de 1940 à 1962

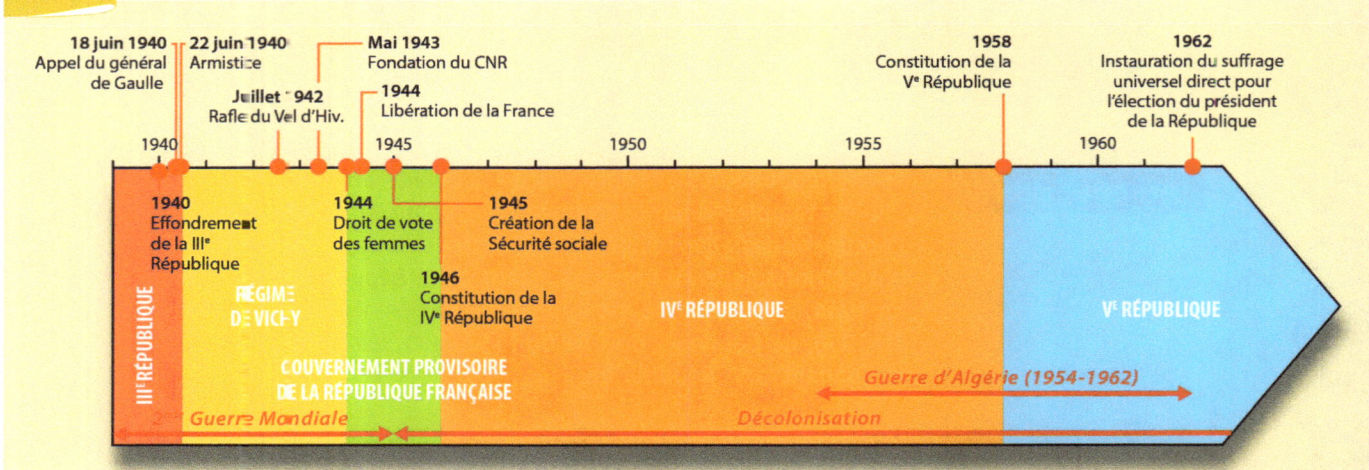

18 juin 1940 Appel du général de Gaulle
22 juin 1940 Armistice
Juillet 1942 Rafle du Vel d'Hiv.
Mai 1943 Fondation du CNR
1944 Libération de la France
1958 Constitution de la Vᵉ République
1962 Instauration du suffrage universel direct pour l'élection du président de la République

1940 — 1945 — 1950 — 1955 — 1960

1940 Effondrement de la IIIᵉ République
1944 Droit de vote des femmes
1945 Création de la Sécurité sociale
1946 Constitution de la IVᵉ République

IIIᵉ RÉPUBLIQUE
RÉGIME DE VICHY
GOUVERNEMENT PROVISOIRE DE LA RÉPUBLIQUE FRANÇAISE
IVᵉ RÉPUBLIQUE
Vᵉ RÉPUBLIQUE

2ᵐᵉ Guerre Mondiale
Décolonisation
Guerre d'Algérie (1954-1962)

Doc. 2 La naissance de la Vᵉ République en 1958

▲ Le 4 septembre 1958, place de la République à Paris, de Gaulle présente son projet de Constitution pour la Vᵉ République. La nouvelle Constitution est adoptée par référendum le 28 septembre 1958.

QUESTIONS

1. Quel régime politique prépare le retour à la République entre 1944 et 1946 ? **Doc.1**

....

2. Combien d'années la IVᵉ République dure-t-elle ? **Doc.1**

....

3. Présentez la scène : lieu, acteur principal, date, fait. **Doc.2**

....

....

....

4. Entourez tous les éléments qui font référence à la République. **Doc.2**

Charles de Gaulle, de la Seconde Guerre mondiale à la Ve République

Doc. 1 De Gaulle, l'homme de la Résistance

Le 18 juin 1940, Charles de Gaulle lance depuis Londres un appel à la résistance. Au micro de la BBC (radio britannique), il demande aux Français de résister à Pétain et de continuer la guerre.

Doc. 2 De Gaulle, l'homme de la Libération

D'août 1944 à janvier 1946, d'abord à Alger puis à Paris, le général de Gaulle dirige le Gouvernement provisoire de la République française.

▲ De Gaulle descend les Champs-Élysées le 26 août 1944.

Doc. 3 De Gaulle, le fondateur de la Vᵉ République

De Gaulle revient au pouvoir dans le contexte de la guerre d'Algérie. Il met fin à la IVᵉ République et installe la Vᵉ République en 1958.

▲ De Gaulle présente la Constitution de la Vᵉ République aux Français sur la place de la République à Paris, le 4 septembre 1958.

À partir de 1965 et jusqu'à sa démission en 1969, de Gaulle est l'objet de nombreuses critiques. Beaucoup d'opposants lui reprochent d'exercer le pouvoir de manière trop personnelle, comme un monarque.

Doc. 4 De Gaulle critiqué

Caricature de Moisan parue ▶ dans *Le Canard enchaîné*, 1965.

Activité d'écriture

Faire le portrait d'un homme politique

Faites le portrait de Charles de Gaulle à partir des informations fournies par les différents documents.

• Décrivez d'abord l'homme politique d'un point de vue physique : son apparence, sa tenue vestimentaire, son allure et ce qui s'en dégage sur les documents.

• Décrivez ensuite le parcours de Charles de Gaulle : ses actions et interventions politiques depuis 1940.

• Terminez par une description morale de l'homme politique : traits de caractère, personnalité et valeurs/qualités que vous pouvez aussi déduire de ses actions.

• Utilisez les temps du passé : l'imparfait (pour les descriptions) et le passé simple ou le passé composé (pour une suite d'actions).

Le lexique de l'engagement politique

S'engager/engagé/engagement – Résister/résistant/résistance – Militer/militant/militantisme – Prendre position – Soutenir une cause – Lutter pour des idées

⟶ Faites votre travail sur une feuille séparée.

1 Comment la République prend-elle fin en 1940 avant de renaître après la guerre ?

COURS

1 Le régime de Vichy : la négation des valeurs de la République (1940-1944)

Suite à l'invasion allemande, le maréchal Pétain signe un armistice qui met fin aux combats. Le 10 juillet 1940, le Parlement lui vote les pleins pouvoirs, et le maréchal Pétain met fin à la République **Doc.1 p. 31**. Rejetant les valeurs démocratiques, Pétain fonde l'État français, appelé aussi « régime de Vichy ». Ce régime autoritaire repose sur les valeurs « Travail, Famille, Patrie ». Les élections sont supprimées et les libertés étouffées par la censure. Le régime est aussi antisémite. Il exclut les juifs de la société française en leur interdisant certaines professions. Dès octobre 1940, le régime entre en collaboration avec l'Allemagne nazie. Il met sa police au service de l'occupant afin d'arrêter les juifs.

2 La Résistance (1940-1944)

Réfugié à Londres, le général de Gaulle lance l'appel du 18 juin 1940 pour continuer le combat et résister. En France, une minorité refuse également la défaite et s'engage contre l'occupant et la collaboration, combattant notamment pour la République et ses valeurs démocratiques. Malgré les risques mortels, différents groupes de résistants entrent en lutte contre Vichy et contre l'Allemagne nazie pour défendre les valeurs de la République. **Doc.2 p. 31**. À partir de 1943, sous l'autorité de De Gaulle, la Résistance est unifiée par Jean Moulin. Celui-ci crée le Conseil national de la Résistance (CNR) afin de préparer la libération du territoire et la refondation de la République. À partir de 1944, les résistants contribuent à la libération de la France par les Alliés **Doc.3 p. 32**.

3 Une République refondée : approfondissement démocratique et social (1944-1946)

Le Gouvernement provisoire de la République française (GPRF), dirigé par de Gaulle, rétablit les libertés fondamentales de la démocratie. Prenant appui sur le programme du CNR, le gouvernement refonde aussi la République dans un sens plus démocratique et social. Les femmes peuvent voter à partir de 1944, le suffrage devient ainsi véritablement universel. **Doc.4 p. 32** Reposant sur le principe de solidarité, la Sécurité sociale est créée en 1945. En 1946, la Constitution de la IVe République reconnaît ces nouveaux droits politiques et sociaux. Elle réaffirme également son attachement à la Déclaration des droits de l'homme et du citoyen de 1789.

VOCABULAIRE

▸ **Conseil national de la Résistance (CNR) :** rassemblement de mouvements de la Résistance, de partis politiques et de syndicats. Le CNR met au point un programme politique et économique qui vise à rétablir la démocratie au lendemain de la guerre.

▸ **Collaboration :** attitude des Français qui coopèrent avec l'occupant nazi.

▸ **Résistance :** lutte contre l'occupant nazi et contre le régime de Vichy.

JE RETIENS **LE COURS**

❶ Citez le nom de l'homme qui met en place le régime de Vichy.

....

❷ Citez le nom de celui qui lance l'appel à résister du 18 juin 1940.

....

❸ Citez l'année où le droit de vote est accordé aux femmes et celle où est mise en place la Sécurité sociale.

....

➜ Voir Je comprends le cours p. 31.

2 Comment Charles de Gaulle renouvelle-t-il la République (1958-1962) ?

COURS

1 De la IVᵉ à la Vᵉ République

La IVᵉ République (1946-1958) est affaiblie par l'instabilité des gouvernements qui durent trop peu pour être efficaces. Elle se révèle ainsi impuissante face à la crise qui, en Algérie, oppose adversaires et partisans de la décolonisation. En juin 1958, le général de Gaulle est rappelé au pouvoir pour mettre fin à la guerre d'Algérie. Partisan d'un changement des institutions qui redonne de l'autorité à l'État, il fait approuver par référendum son projet de nouvelle Constitution. Il est élu président de la Vᵉ République par 80 000 électeurs.

2 Une République renouvelée

La Constitution de 1958 réduit les pouvoirs du Parlement qui étaient très forts sous la IVᵉ République. L'Assemblée conserve certes le **pouvoir législatif**, mais la Constitution donne plus de poids à l'**exécutif**. **Doc.1 p. 33** Le président de la République, élu pour sept ans, a désormais des pouvoirs très étendus. C'est lui qui donne les grandes orientations de politique intérieure et extérieure. Le gouvernement, nommé par lui, les met en œuvre. Le président peut consulter directement les Français par référendum. Il représente la France à l'étranger et parle au nom du pays. Chef des armées, il dispose de pouvoirs exceptionnels en cas de péril grave pour la République.
En 1962, le pouvoir du président est encore renforcé : de Gaulle fait adopter par référendum l'élection présidentielle au suffrage universel direct. **Doc.2 p. 33** Cette réforme soulève de nombreuses oppositions, notamment dans les partis de gauche qui craignent un renforcement du pouvoir personnel de De Gaulle. **Doc.3 p. 34**

3 Une nouvelle pratique du pouvoir

De Gaulle renouvelle aussi la République par sa manière d'exercer le pouvoir. Il entretient une relation personnelle forte avec les Français. Son prestige d'ancien chef de la Résistance lui assure une solide popularité. Il l'entretient par les bains de foule lors de ses nombreux voyages en province **Doc.4 p. 34** et grâce à des interventions fréquentes dans les médias, en particulier à la télévision, qui est alors contrôlée par l'État. Enfin, des consultations par référendum renforcent ce lien direct avec les citoyens, qui ont le sentiment de participer aux décisions, comme pour la paix en Algérie (1962). L'opposition reproche toutefois à de Gaulle sa manière de gouverner, solitaire et autoritaire.

VOCABULAIRE

▸ **Pouvoir exécutif** : c'est le pouvoir qui exécute les lois et dirige l'État. Il est partagé entre le président de la République et le gouvernement.

▸ **Pouvoir législatif** : c'est le pouvoir de voter les lois. Il appartient à l'Assemblée nationale et au Sénat.

▸ **Référendum** : vote par lequel les citoyens répondent oui ou non à une question posée par le pouvoir exécutif.

JE RETIENS **LE COURS**

1 Citez l'année où la Vᵉ République remplace la IVᵉ République.

....

2 Nommez l'acteur principal de ce changement.

....

3 Citez deux exemples montrant la volonté de De Gaulle d'établir un lien direct entre sa personne et les Français.

....

....

➜ Voir Je comprends le cours p. 31.

⓵ Comment la République prend-elle fin en 1940 avant de renaître après la guerre ?

Doc. 1 Pétain justifie la fin de la République

« Français, la France a connu, il y a quatre mois, l'une des plus grandes défaites de son histoire. [...] Le désastre n'est, en réalité, que le reflet, sur le plan militaire, des faiblesses et des tares de l'ancien régime politique. Ce régime, pourtant, beaucoup d'entre vous l'aimaient. Votant tous les quatre ans, vous vous donniez l'impression d'être les citoyens libres d'un État libre [...]. C'est sur cet amas de ruines qu'il faut, aujourd'hui, reconstruire la France. [...] Le régime nouveau sera une hiérarchie sociale. Il ne reposera plus sur l'idée fausse de l'égalité naturelle des hommes [...]. L'autorité est nécessaire pour sauvegarder la liberté de l'État [...]. »

Discours radiodiffusé du maréchal Pétain, 11 octobre 1940.

1 Identifiez le régime politique qui est, selon Pétain, responsable de la défaite.

....

....

2 Nommez le texte de la Révolution française auquel fait référence l'extrait souligné.

....

....

3 Soulignez le passage du discours prouvant que le maréchal Pétain met en place un régime autoritaire.

Doc. 2 La Résistance intérieure

◀ Affiche des Francs-tireurs et Partisans (FTP), mouvement de la Résistance proche du Parti communiste, 1943.

4 Identifiez l'objectif que fixent les résistants à leur combat.

....

....

....

5 Entourez les éléments qui montrent que les résistants s'inspirent de la Révolution française.

Doc. 3 La France libérée

Libération

Affiche de Phili, commandée par le Gouvernement provisoire de la République française (1944-1946) pour célébrer la Libération.

6 Décrivez et identifiez le personnage principal.

....
....
....
....
....

7 Quel message cette affiche veut-elle faire passer ?

....
....
....
....
....

Doc. 4 Les femmes votent pour la première fois (1945)

À Paris, des femmes votent pour le référendum du 21 octobre 1945. ▲

8 Décrivez la scène.

....
....
....

9 Expliquez pourquoi il s'agit d'un virage dans l'histoire de la démocratie française.

....
....
....
....

2 Comment Charles de Gaulle renouvelle-t-il la République (1958-1962) ?

Doc. 1 La Constitution de la Vᵉ République (1958)

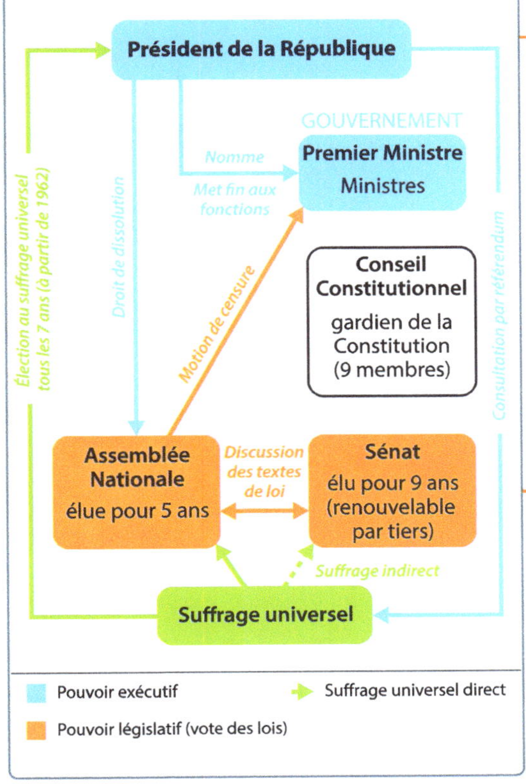

Président de la République

GOUVERNEMENT
Premier Ministre
Ministres

Nomme
Met fin aux fonctions

Conseil Constitutionnel
gardien de la Constitution
(9 membres)

Élection au suffrage universel tous les 7 ans (à partir de 1962)

Droit de dissolution

Motion de censure

Consultation par référendum

Assemblée Nationale
élue pour 5 ans

Discussion des textes de loi

Sénat
élu pour 9 ans
(renouvelable par tiers)

Suffrage indirect

Suffrage universel

- ⬛ Pouvoir exécutif
- ⬛ Pouvoir législatif (vote des lois)
- ➡ Suffrage universel direct

1 Relevez sur le schéma les éléments démontrant que le président de la République a un rôle clé sous la Ve République.

....
....
....
....
....
....

Doc. 2 La réforme de 1962

OUI c'est VOUS qui elirez le Président de la République

▲ Affiche pour le « oui » lors du référendum de 1962. En 1962, de Gaulle propose un référendum afin de réformer la Constitution pour que, désormais, le président de la République soit élu au suffrage universel direct.

2 Quand a lieu le référendum et sur quoi porte-t-il ?

....
....

3 Comment l'affiche tente-t-elle de convaincre de voter « oui » ?

....
....
....
....

Doc. 3 Le point de vue d'un opposant : la réforme de 1962

Sous la Vᵉ République, il n'y a qu'un pouvoir : l'exécutif, le Gouvernement ou plutôt le Président : l'Assemblée ne joue aucun rôle, sinon de pure figu-
5 ration. On est passé d'un extrême à l'autre[1]. Je ne pense pas qu'il soit sain et démocratique de donner, comme aujourd'hui, des moyens aussi larges et aussi incontrôlés à un seul homme et
10 pour sept ans.
Un homme élu par trente millions d'électeurs est forcément très puissant ; or, volontairement, on n'a prévu aucun contrepoids, aucun partage, aucune ins-
15 titution de contrôle.

> Pierre Mendès France, homme politique de gauche, *Choisir*, Stock, 1974.

1. Sous la IVᵉ République, l'Assemblée avait des pouvoirs très étendus.

4 Identifiez l'auteur de ce texte.

....
....
....

5 Pourquoi faut-il, selon lui, s'opposer à l'élection du président de la République au suffrage universel ?

....
....
....
....
....

Doc. 4 Bain de foule lors d'un voyage officiel du président de Gaulle en Lozère (1961)

6 Relevez les circonstances dans lesquelles a été prise la photographie : où, quand, type d'événement.

....
....
....
....

7 Caractérisez les éléments (geste, atmosphère, expressions) qui témoignent du lien entre de Gaulle et les Français.

....
....

1 Comment Lucie et Raymond Aubrac ont-ils combattu pour la République et ses valeurs ?

Raconter le combat d'un(e) républicain(e) pour les idéaux républicains

Au sein du mouvement de Résistance Libération-Sud, fondé en 1941, les époux Aubrac défendent la République et combattent Vichy et sa politique de collaboration avec l'occupant nazi. Après la guerre et jusqu'à leur mort, ils s'engagent pour la République et ses valeurs démocratiques.

DÉMARCHE

TRAVAIL COLLABORATIF

ÉTAPE 1

Pour raconter l'engagement des époux Aubrac pour la République et ses valeurs, complétez le schéma ci-dessous à l'aide des documents p. 36.

Les Aubrac et la défense des idéaux républicains

1. Avant l'engagement

Identités :
. . . .

Liens personnels :
. . . .

2. Engagement pendant la guerre

Motivations : . . . .

Lieu et date d'entrée en résistance : . . . .

Nom de l'organisation de résistance : . . . .

Fonctions dans l'organisation : . . . .

Actions dans l'organisation : . . . .

Risques encourus : . . . .

3. Engagement après la guerre

Rôle dans le travail de mémoire :
. . . .

TRAVAIL ORAL

ÉTAPE 2

Racontez l'engagement des Aubrac sous la forme d'un récit.
- Votre récit s'organisera en trois parties : **1.** Avant l'engagement ;
2. L'engagement pendant la guerre ; **3.** L'engagement après la guerre.
- Vous parlerez à la 3e personne du singulier (« il »/« elle »). Vous situerez l'action dans le temps et dans l'espace.
- Vous emploierez les temps du passé : l'imparfait pour les descriptions et le passé simple ou le passé composé pour une suite d'actions.

Le lexique de l'engagement
Résistance – résistant(e) – résister ; militantisme – militant(e) – militer ; engagement – s'engager ; combat – combattant(e) – combattre.

Doc. 1 — Les combats de Lucie Aubrac

a. Son engagement dans la Résistance pendant la guerre

Pour moi la guerre n'est pas finie. C'est ma guerre à moi qui commence [contre] Vichy et l'occupation allemande. À mon militantisme au grand jour succède main-
5 tenant un militantisme clandestin [...] : les rendez-vous cachés, la recherche de com- plices pour notre propagande clandestine. C'est vraiment la rupture avec le passé, [...] un engagement volontaire lié à la déso-
10 béissance vis-à-vis de cette société de col- laboration franco-allemande.

b. Son engagement après la guerre pour la mémoire de la Résistance et de ses valeurs

Quand je suis avec des jeunes [dans les écoles], je commence à leur raconter des histoires vraies de notre Résistance. Je les aide à trouver les valeurs qui étaient en
5 cause et qui faisaient qu'un gars de 17 ans était fusillé, [...] une fille de 20 ans torturée et déportée [...]. Pourquoi voulez-vous que j'abandonne, à cause de mon âge, cette croisade pour les valeurs de solidarité, de
10 fraternité et de justice qui trouvent une résonance certaine chez les jeunes.

Lucie Aubrac, *Lettre de la Fondation de la Résistance*, n° 27, décembre 2001.

Doc. 4 — Raymond Aubrac organise la Résistance militaire

En 1942, l'exemple de *Combat*[1] et plus encore la mission de Jean Moulin[2] nous avaient convaincus de créer dans notre organisation[3] un secteur orienté vers l'ac-
5 tion militaire, et j'avais été chargé de le mettre sur pied. Les militants motivés pour le combat armé devaient s'organiser en petits groupes et se procurer des armes [...]. Il leur reverait d'effectuer des actions
10 de sabotage dans les usines, les dépôts et les communications utiles à l'ennemi.

Raymond Aubrac, *Où la mémoire s'attarde*, Éditions Odile Jacob, 1996.

1. Mouvement de résistance fondateur du journal *Combat*.

2. Envoyé du général de Gaulle chargé d'unir la Résistance.

3. Mouvement de Résistance Libération-Sud.

Doc. 2 — Résister en informant : le journal clandestin *Libération*

No 23 — 1 Février 1943

LIBÉRATION

ORGANE DES MOUVEMENTS DE RÉSISTANCE UNIS

Référendum national ~ contre Vichy

A PARTIR DU 15 FÉVRIER 1943

Le moment est venu, pour la Nation, de signifier aux fantômes de Vichy, à Pétain et à Laval, que la France refuse d'être représentée par un gouvernement usurpateur. Le moment est venu de manifester publi- quement et à la face du monde, que la France véritable est contre l'Al- lemand, dans le camp des Nations Unies, pour la cause de la Résistance, personnifiée par le général de GAULLE et à laquelle le général Giraud apporte aujourd'hui le concours de l'armée française d'Afrique du Nord? Le moment est venu de hurler que la France veut se battre contre l'ennemi, pour la Liberté et pour la République.
N'ATTENDEZ PAS A DEMAIN.

▲ Ce journal portait la parole du mouvement de Résistance Libération-Sud auquel appartenaient Lucie et Raymond Aubrac.

Doc. 3 — Les risques encourus par les résistants

Le 21 juin 1943, Raymond Aubrac est arrêté avec Jean Moulin par la police allemande.

[Le chef de la police allemande m'a demandé] « *Vous étiez avec Max*[1], *vous êtes arrivé avec lui. Quelle est votre fonction ? Qui est votre chef ? Qui comman-
dez-vous ?* » [...] « *Monsieur, je ne comprends rien à
5 vos questions* [...]. » Tout à coup, sans avertissement, vlan, un coup magistral [avec une cravache] sur les épaules. [...] « *Parle maintenant. Tu as intérêt, de toute façon tu y viendras !* » Et il ponctuait de coups ses hurlements. [Le soir], enfermé dans ma cellule, [...]
10 j'avais sommeil. Mais comment trouver une bonne place sur ce sol de ciment, avec un dos aussi meur- tri ? [Je n'avais] rien, ni lit ni paillasse, rien que quatre murs, un sol en ciment et dans un coin la tinette[2]. [...] [Le lendemain], la même chaise et la
15 même posture. Il a cogné, cogné, tant que je me suis évanoui. Tombé à terre, il m'a réveillé à coups de pied dans les côtes.

Lucie Aubrac, *Ils partiront dans l'ivresse*, Le Seuil, 1984.

1. Pseudonyme de Jean Moulin.   **2.** Bidon pour faire ses besoins.

2 Quels sont les pouvoirs du président sous la Ve République ?

Relever les compétences et prérogatives du président de la République sous la Ve République

Afin de redonner de l'autorité et de la stabilité aux institutions, la Constitution de 1958, voulue par de Gaulle, renforce le rôle de l'exécutif par rapport au Parlement. Dans la nouvelle République, le président joue un rôle central, avec des pouvoirs et des responsabilités étendus.

DÉMARCHE

TRAVAIL INDIVIDUEL

ÉTAPE 1

Répondez aux questions sous le document 1.

ÉTAPE 2

Pour aller plus loin...
Cherchez en quoi consiste l'article 16 de la Constitution et quelles critiques il soulève.

Doc. 1 Le rôle du président de la République

Art. 8. Le président de la République nomme le Premier ministre. Il met fin à ses fonctions sur la présentation par celui-ci de la démission du Gouvernement.
Art. 9. Le président de la République préside le Conseil des ministres.
5 **Art. 11.** Le président de la République peut soumettre au référendum tout projet de loi portant sur l'organisation des pouvoirs publics, ou tendant à autoriser la ratification[1] d'un traité.
Art. 12. Le président de la République peut, après consultation du Premier ministre et des présidents des assemblées, prononcer la dis-
10 solution de l'Assemblée nationale.
Art. 15. Le président de la République est le chef des armées.
Art. 52. Le président de la République négocie et ratifie les traités.

Extraits de la Constitution de la Ve République, 1958.

1. Adoption officielle d'un texte de loi.

1 Entourez l'article de la Constitution qui montre que le gouvernement est sous l'autorité du président.

2 Entourez l'article de la Constitution qui mentionne le pouvoir du président sur l'Assemblée.

3 D'après la Constitution, par quel moyen le président peut-il consulter directement les Français ?

....

....

3 Quels régimes politiques se succèdent de 1940 à nos jours ?

Compléter ou réaliser une frise chronologique mentionnant les régimes politiques de 1940 à nos jours

Après la chute du régime autoritaire de Vichy, la République est refondée en 1944. Sous la IVe République, la vie politique connaît une instabilité qui est source d'impuissance. Renouvelé par la Constitution de 1958, le système républicain retrouve la stabilité et s'installe dans la durée sous la Ve République.

DÉMARCHE

TRAVAIL INDIVIDUEL

ÉTAPE 1

Sur la frise chronologique, placez des barres verticales et les dates qui délimitent les quatre régimes (début et fin).

ÉTAPE 2

Cherchez sur Internet une image (affiche, photographie...) illustrant chacun des régimes.

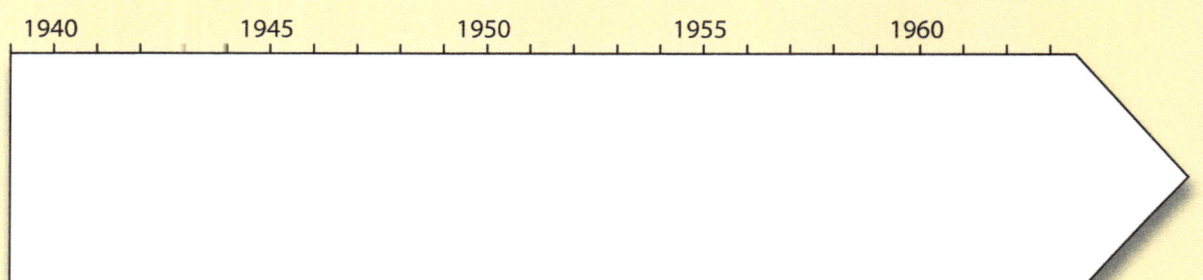

Doc. 1 L'évolution des régimes politiques de 1940 à nos jours

Régime	Caractéristiques	Repères chronologiques
Régime de Vichy 1940-1944	Pétain cumule le pouvoir exécutif et le pouvoir législatif. Pas d'élections. Lois d'exception contre les juifs.	**1940** Effondrement de la IIIe République et naissance du régime de Vichy. **1944** Libération de la France et fin du régime de Vichy.
Gouvernement provisoire de la République française (GPRF) 1944-1946	Rétablissement des libertés et refondation de la République avec droit de vote des femmes.	
IVe République 1946-1958	Suffrage universel, respect des libertés, séparation des pouvoirs avec rôle très important du Parlement.	**1946** Constitution de la IVe République.
Ve République 1958 à nos jours	Suffrage universel direct, respect des libertés, séparation des pouvoirs avec place très importante du président de la République.	**1958** Constitution de la Ve République. **1962** Réforme mettant en place le suffrage universel direct pour l'élection du président de la République.

► Je vérifie mes connaissances

A **Reliez chaque terme à sa définition.**

a. Collaboration

b. Résistance

c. Référendum

1. Vote par lequel les citoyens répondent oui ou non à une question posée par le pouvoir exécutif

2. Attitude des Français qui coopèrent avec l'occupant nazi

3. Lutte contre l'occupant nazi et contre le régime de Vichy

B **Reliez chaque personnage à son rôle historique.**

a. Jean Moulin

b. Charles de Gaulle

c. Philippe Pétain

1. Fondateur de la Ve République

2. Chef de l'État autoritaire de Vichy

3. Fondateur du Conseil national de la Résistance

C **À quel événement majeur pour la France correspond chacune des années ci-dessous ?**

a. 1940 : ....

b. 1944 : ....

c. 1958 : ....

► J'écris pour retenir

Complétez le texte avec les mots et expressions suivants :

femmes – de Gaulle – 1958 – résistants – 1940 – Sécurité sociale – Vichy – 1944.

En juillet ...., après la défaite face à l'Allemagne, la IIIe République s'effondre, remplacée par le régime autoritaire de .... La France est libérée en .... par les Alliés, avec l'aide des .... La République est refondée : elle approfondit la démocratie, notamment par le droit de vote des .... et la création de la .... Le régime républicain est renouvelé par la Constitution de ...., inspirée par ....

► Je suis capable de...

CAPACITÉS	OUI	NON
Je sais raconter le combat d'un(e) républicain(e) pour les idéaux républicains.		
Je sais relever les compétences et prérogatives du président de la République sous la Ve République.		
Je sais compléter ou réaliser une frise chronologique mentionnant les régimes politiques de 1940 à nos jours.		

➡ Je m'entraîne

Doc. 1 Le retour de la démocratie (1946)

Art. 1. Au lendemain de la victoire rempor-tée par les peuples libres sur les régimes qui ont tenté d'asservir et de dégrader la personne humaine, le peuple français proclame à nou-
5 veau que tout être humain, sans distinction de race, de religion ni de croyance, possède des droits inaliénables et sacrés. Il réaffirme solen-nellement les droits et libertés de l'homme et du citoyen consacrés par la Déclaration des
10 droits de 1789 et les principes fondamentaux reconnus par les lois de la République.

Art. 3. La loi garantit à la femme, dans tous les domaines, des droits égaux à ceux de l'homme.
Art. 11. Elle garantit à tous, notamment à l'en-
15 fant, à la mère et aux vieux travailleurs, la pro-tection de la santé, la sécurité matérielle, le repos et les loisirs.

Extraits du préambule de la Constitution de la IVe République (1946).

Questions	Réponses
1. Présentez le document. Donnez sa nature, sa date, son contexte.	Le document est extrait du préambule (c'est-à-dire l'introduction) de la Constitution de 1946. Une Constitution est un texte qui fixe l'organisation et le fonctionnement de l'État. En 1946, la République renaît au lendemain de la Seconde Guerre mondiale.
2. Relevez des informations. Citez un passage montrant que les principes démocratiques sont rétablis avec l'avènement de la IVe République.	Le passage choisi : « Il [le peuple français] réaffirme solennellement les droits et libertés de l'homme et du citoyen consacrés par la Déclaration des droits de 1789 et les principes fondamentaux reconnus par les lois de la République. »
3. Expliquez le document. Quels droits nouveaux sont introduits dans la Constitution par les articles 3 et 5 ?	Les droits nouveaux sont : – pour les femmes, des droits égaux à ceux des hommes, et notamment le droit de vote ; – pour tous, la protection de la santé, la sécurité matérielle, le repos et les loisirs : mise en place de la Sécurité sociale.

➡ J'applique

Doc. 2 Le président de la Ve République présente ses pouvoirs

« Le président, qui, suivant notre Constitution, est l'homme de la Nation mise en place par elle-même pour répondre de son destin[1], le président qui choisit le Premier ministre, qui le nomme ainsi que les autres membres du gouvernement,
5 le président, qui arrête les décisions prises dans les Conseils, promulgue les lois, négocie et signe les traités, décrète ou non les mesures qui lui sont proposées, est le chef des armées, nomme aux emplois publics. Le président qui, en cas de péril, doit prendre sur lui de faire tout ce qu'il faut ; le président est
10 évidemment seul à détenir et à déléguer l'autorité à l'État. »

Extrait de la conférence de presse du général de Gaulle, le 31 janvier 1964.

1. De Gaulle fait ici allusion à l'élection du président de la République au suffrage universel, adoptée par référendum le 28 octobre 1962.

1. **Présentez le document :** nature, auteur, date.
2. **Relevez des informations.**
   a. Citez le passage de la conférence qui prouve que le président de la République est le chef du pouvoir exécutif.
   b. Citez un passage de la conférence concernant le rôle du président en politique extérieure.
3. **Expliquez le document.** Quelle réforme de 1962 a renforcé les pouvoirs du président de la République ?

⟶ Faites votre travail sur une feuille séparée.

3 La France, un acteur majeur de la construction européenne depuis 1950

INTRODUCTION

Entreprise au lendemain de la Seconde Guerre mondiale, la construction européenne regroupe de plus en plus d'États et concerne de nombreux domaines. À plusieurs moments importants, l'impulsion de la France est décisive pour faire avancer la construction européenne.

PROBLÉMATIQUES

▸ De 1945 à 1990 : de quelle manière la France encourage-t-elle la construction européenne dans une Europe coupée en deux ? **COURS 1 ▸**

▸ Depuis 1990 : quelle place pour la France dans une construction européenne élargie ? **COURS 2 ▸**

DES CLÉS POUR COMPRENDRE

❮ Qu'appelle-t-on la construction européenne ?

▸▸ L'expression « **construction européenne** » désigne l'ensemble des initiatives prises depuis la fin de la Seconde Guerre mondiale afin de rapprocher les pays européens.

▸▸ La construction européenne repose sur des institutions, des traités :
– la **Communauté européenne du charbon et de l'acier** (CECA) en 1951 ;
– la **Communauté économique européenne** (CEE) en 1957 ;
– l'**Union européenne** (UE) depuis 1992.

◂ Le drapeau européen.

▸▸ La construction européenne renvoie à des **élargissements** : il y avait 6 pays fondateurs de la CEE en 1957, l'UE en compte aujourd'hui 28.

▸▸ La construction européenne implique aussi des politiques d'**approfondissement** des liens entre les États membres, qui décident de collaborer à des projets ou de suivre des politiques communes.

◂ Un exemple d'approfondissement : la monnaie commune.

Doc. 1 — Les grandes étapes de la construction européenne

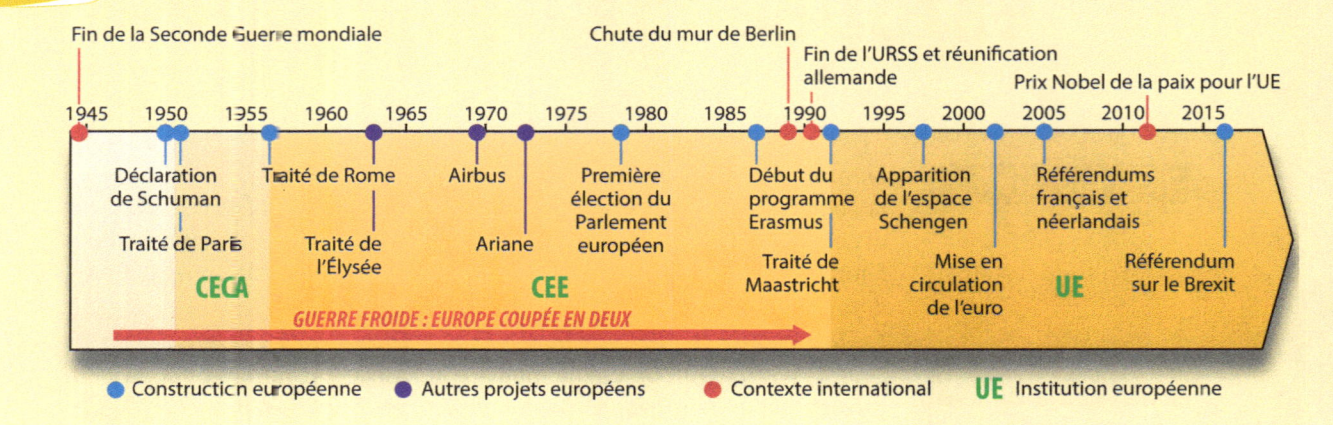

Fin de la Seconde Guerre mondiale — Chute du mur de Berlin — Fin de l'URSS et réunification allemande — Prix Nobel de la paix pour l'UE

1945 — 1950 — 1955 — 1960 — 1965 — 1970 — 1975 — 1980 — 1985 — 1990 — 1995 — 2000 — 2005 — 2010 — 2015

Déclaration de Schuman — Traité de Rome — Airbus — Première élection du Parlement européen — Début du programme Erasmus — Apparition de l'espace Schengen — Référendums français et néerlandais

Traité de Paris — Traité de l'Élysée — Ariane — Traité de Maastricht — Mise en circulation de l'euro — Référendum sur le Brexit

CECA — CEE — UE

GUERRE FROIDE : EUROPE COUPÉE EN DEUX

● Construction européenne ● Autres projets européens ● Contexte international **UE** Institution européenne

Doc. 2 — L'élargissement de 1972, une étape de la construction européenne voulue par la France

OUI A LA FRANCE OUI A L'EUROPE

OUI

En 1972, un référendum est organisé pour que les Français donnent leur accord à l'élargissement de la CEE des six membres « fondateurs » à quatre nouveaux membres : Royaume-Uni, Irlande, Danemark, Norvège.
Le « oui » l'emporte, mais finalement, la Norvège renoncera à son adhésion à la CEE.

QUESTIONS

1. De quelle manière cette affiche lie-t-elle le destin de la France et celui de l'Europe ? Doc.2

....
....
....
....

2. De quelle manière cette affiche montre-t-elle que la France est la puissance dominante en Europe à cette époque ? Doc.2

....
....
....
....
....

L'Union européenne, ses États, ses institutions

Doc. 1 **Les principales institutions de l'Union européenne**

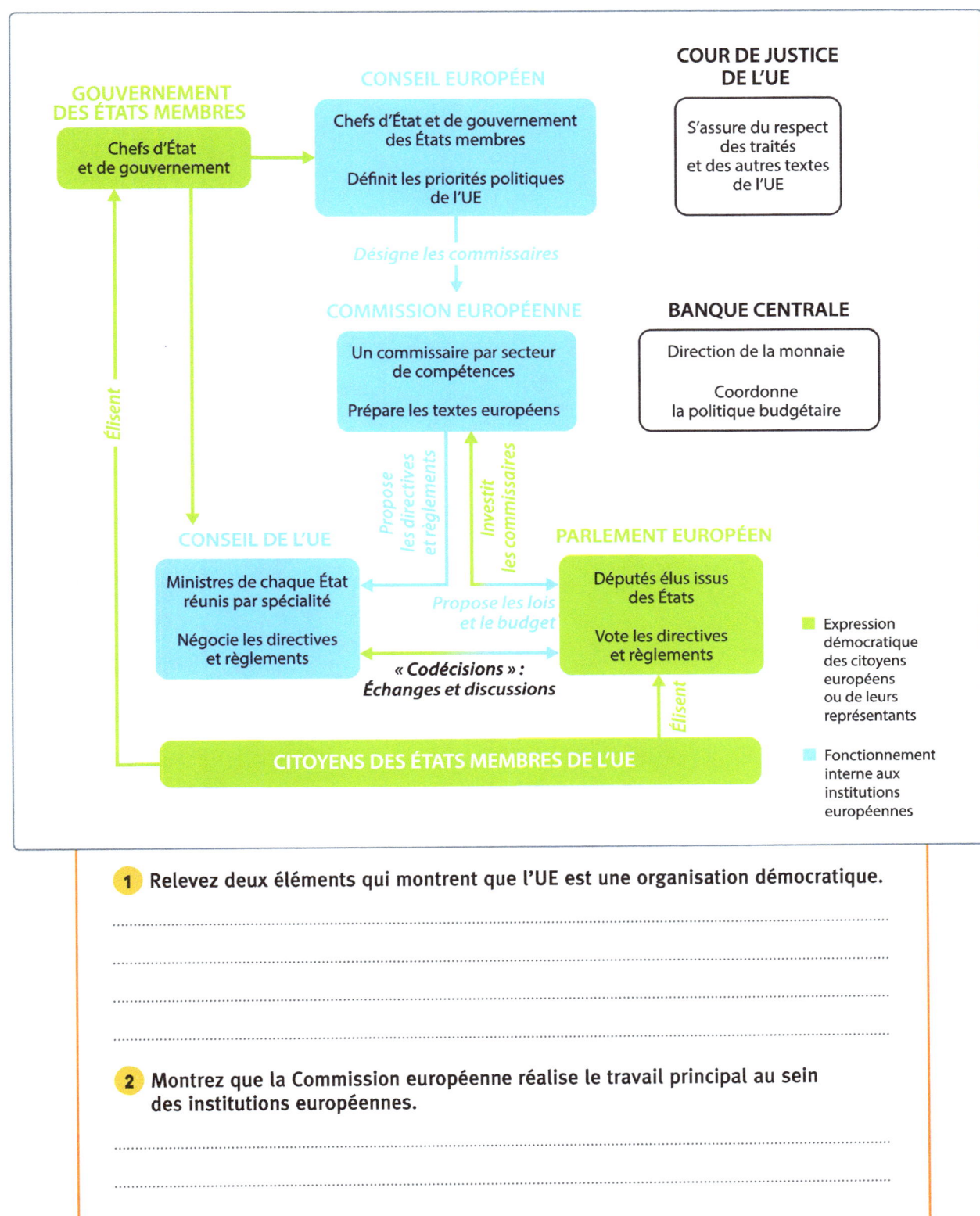

GOUVERNEMENT DES ÉTATS MEMBRES
Chefs d'État et de gouvernement

CONSEIL EUROPÉEN
Chefs d'État et de gouvernement des États membres
Définit les priorités politiques de l'UE

COUR DE JUSTICE DE L'UE
S'assure du respect des traités et des autres textes de l'UE

Désigne les commissaires

COMMISSION EUROPÉENNE
Un commissaire par secteur de compétences
Prépare les textes européens

BANQUE CENTRALE
Direction de la monnaie
Coordonne la politique budgétaire

Élisent

Propose les directives et règlements

Investit les commissaires

CONSEIL DE L'UE
Ministres de chaque État réunis par spécialité
Négocie les directives et règlements

PARLEMENT EUROPÉEN
Députés élus issus des États
Vote les directives et règlements

Propose les lois et le budget

« Codécisions » : Échanges et discussions

Élisent

CITOYENS DES ÉTATS MEMBRES DE L'UE

■ Expression démocratique des citoyens européens ou de leurs représentants

■ Fonctionnement interne aux institutions européennes

1 Relevez deux éléments qui montrent que l'UE est une organisation démocratique.

....

....

....

2 Montrez que la Commission européenne réalise le travail principal au sein des institutions européennes.

....

....

....

Doc. 2 **Les États européens face à la construction européenne**

1. Plusieurs espaces
- UE à 28 États
- Zone euro (21 États)
- Espace Schengen (26 États)
- Brexit : relation à redéfinir avec l'UE

2. Plusieurs centres
- Commission européenne
- Parlement européen
- Cour de justice
- Banque centrale

MONT. Monténégro

③ Citez les trois types d'espaces européens représentés sur cette carte.

....

....

....

④ Citez deux États qui ne se trouvent dans aucun de ces trois espaces européens.

....

....

VOCABULAIRE

▸ **Espace Schengen :** ensemble des États qui ont signé la convention de Schengen favorisant la circulation des citoyens entre pays européens.

La France et l'Allemagne, de la guerre à la construction européenne

Doc. 1 1940 : la France occupée par l'Allemagne

De 1940 à 1944, les Français vivent sous le régime de l'Occupation, fait de privations, de surveillance et de répression. La mémoire de cette guerre, ajoutée aux précédentes, pèse longtemps après la fin du conflit en 1945.

Doc. 2 1963 : la naissance du couple franco-allemand

En 1962, le président de Gaulle invite le chancelier Adenauer à Reims. Le choix du lieu a un sens : en 1914, la cathédrale avait été démolie par un bombardement allemand. Quelques mois après cette première rencontre, les deux dirigeants signent le « traité de l'Élysée » (1963) qui scelle la réconciliation franco-allemande.

Doc. 3 1984 : le temps de la mémoire

Le président Mitterrand et le chancelier Kohl célèbrent ensemble le souvenir de la bataille de Verdun qui marqua la Première Guerre mondiale.

Doc. 4 1994 : vers un avenir commun ?

Le 14 juillet 1994, pour la première fois depuis 1944, des soldats allemands défilent en France. Ce sont ceux de l'Eurocorps, groupe militaire franco-allemand, qui sont invités par le président Mitterrand.

Le lexique de la relation franco-allemande

bataille/conflit – bombardement – Occupation – couple franco-allemand – réconciliation – traité – commémorer

Activité d'écriture

Rédiger un compte rendu

Faites le compte rendu de l'évolution des relations entre la France et l'Allemagne depuis 1940 à partir des informations prélevées dans les différents documents.

Le compte-rendu ne consiste pas à reprendre les textes tels qu'ils sont donnés, mais à en faire la synthèse avec vos propres mots et en citant les documents.

• Veillez à rapporter les événements de façon objective (neutre), en suivant un ordre chronologique.

• Utilisez les pronoms personnels de la 3e personne du singulier et/ou du pluriel, et employez les temps du passé (passé composé et imparfait principalement).

• Pensez à rédiger une phrase d'introduction (pour préciser le sujet abordé) et une phrase de conclusion (pour faire la synthèse du sujet abordé).

• N'oubliez pas de donner un titre à votre compte rendu.

---> Faites votre travail sur une feuille séparée.

1 De 1945 à 1990 : de quelle manière la France encourage-t-elle la construction européenne dans une Europe coupée en deux ?

COURS

1 1945-1957 : les « pères de l'Europe » et les « pays fondateurs »

Après la Seconde Guerre mondiale, l'Europe est à la fois détruite et divisée en deux blocs. En 1950, Robert Schuman propose le projet de la **CECA** afin de reconstruire l'Europe et la paix. Il s'agit pour six États de gérer ensemble la production et la vente du charbon et de l'acier, deux productions qui ont joué un rôle important dans la Seconde Guerre mondiale. **Docs. 1-2 p. 49**

Initiée par les « pères de l'Europe » (Adenauer pour l'Allemagne, De Gasperi pour l'Italie, Monnet et Schuman pour la France), la CECA se transforme, en 1957, en **Communauté économique européenne (CEE)** par la signature du traité de Rome.

2 1958-1990 : le « moteur franco-allemand » regroupe l'Europe occidentale autour de lui

Dès son retour au pouvoir en 1958, de Gaulle entreprend de rapprocher la France avec l'Allemagne, politiquement et économiquement. Il s'oppose toutefois à l'entrée dans la CEE de la Grande-Bretagne, qu'il juge trop proche des États-Unis. **Doc. 3 p. 50** À partir de 1970 commence l'élargissement de la CEE à de nouveaux pays. Toutefois, la démocratie est posée comme une condition impérative. Ainsi, les pays du sud de l'Europe que sont la Grèce, l'Espagne et le Portugal doivent attendre la fin des dictatures militaires pour intégrer la CEE. Dans les années 1980, le président Mitterrand relance un processus d'approfondissement du projet européen en s'appuyant sur l'Allemagne.

3 Des projets industriels ambitieux pour l'économie européenne

Une des ambitions de la construction européenne est de permettre une convergence des niveaux de vie. La construction européenne instaure des aides régionales vers les régions les moins développées de l'Europe et propose de soutenir des secteurs économiques, comme l'agriculture.

D'autre part, de grands projets industriels voient le jour. Trop coûteux pour être supportés par un seul État, ils regroupent plusieurs États prêts à financer ensemble la construction aéronautique (Airbus) ou la conquête spatiale (Ariane, **Doc. 4 p. 50**). Dans chacun de ces projets, la France tient un rôle très important.

◆ NOTION / VOCABULAIRE

▸ **Communauté européenne du charbon et de l'acier (CECA) :** première organisation de coopération intereuropéenne établie en 1951 par six États.

▸ **Communauté économique européenne (CEE) :** nom donné à la construction européenne depuis le traité de Rome (1957) jusqu'au traité de Maastricht (1992). La CEE a compté six États en 1957 et jusqu'à douze en 1992.

JE RETIENS **LE COURS**

1 Quel traité a créé la CEE ?

....

2 Quelle condition a été posée à l'entrée de la Grèce, du Portugal et de l'Espagne dans la CEE ?

....

....

3 Quel est le point commun entre Ariane et Airbus ?

....

....

➜ Voir Je comprends le cours p. 49.

2 Depuis 1990 : quelle place pour la France dans une constrution européenne élargie ?

COURS

1 1990-1995 : la fin du bloc de l'Est et la reconfiguration du projet européen

La crise des régimes communistes se manifeste par la chute du mur de Berlin (1989), la démocratisation des pays d'Europe de l'Est et la disparition de l'URSS. Pour l'ensemble de ces pays de l'Est, la construction européenne apparaît comme très attractive. **Doc.1 p. 51**
Intégrer l'Europe de l'Est est un défi historique car ce sont des pays moins développés et avec des traditions démocratiques faibles. Le président Mitterrand propose à l'Allemagne et aux autres États de transformer la CEE en « Union européenne » (UE) en signant le traité de Maastricht (1992). Il s'agit de donner à l'UE plus d'attributions qu'à la CEE, comme la monnaie unique.
Doc.2 p. 51

2 Depuis 1995 : la construction européenne se recentre autour de l'Allemagne réunifiée

De 1995 à 2013, l'UE accueille 16 nouveaux membres. La plupart sont situés au nord et à l'est du continent, et ont des liens historiques et culturels avec l'Allemagne. De ce fait, le centre géographique et politique de la construction européenne se déplace de la France vers l'Allemagne. **Doc.3 p. 52**
Avec la libre circulation des biens et des personnes, prévue par le traité de Maastricht, et la mise en place de l'euro (monnaie unique à partir de 2002), l'Allemagne renforce son poids économique et commercial.
Dans ces conditions, l'équilibre franco-allemand, à l'origine de la construction européenne, semble désormais devoir être redéfini.

3 Quel est l'intérêt pour la France d'aujourd'hui d'être dans l'Europe de demain ?

Au sein de cette UE plus continentale depuis les élargissements, la France dispose néanmoins d'atouts. Elle hérite de sa longue histoire maritime des territoires d'outre-mer qui lui assurent une présence sur tous les océans.
De même, la France dispose d'une influence diplomatique et militaire que n'ont pas ses partenaires européens. Elle dispose de la puissance militaire nucléaire et d'une capacité de projection de ses armées pour des opérations lointaines. **Doc.4 p. 52** Elle est aussi l'un des cinq membres permanents du Conseil de sécurité de l'ONU. Malgré ces atouts, la France du XXIe siècle pèse moins de 1 % de l'humanité. L'UE est donc pour elle un moyen pour maintenir une influence dans le monde.

JE RETIENS **LE COURS**

1 Que signifie l'expression « fin du bloc de l'Est » ?

....

....

....

2 Quelle est la mesure la plus importante apportée par le traité de Maastricht ?

....

....

....

....

3 Quelle est la place de la France à l'ONU ?

....

....

....

→ Voir Je comprends le cours p. 51.

NOTION / VOCABULAIRE

▶ **Monnaie unique :** l'euro est la monnaie qui remplace chacune des monnaies nationales des pays qui l'adoptent.

▶ **Libre circulation des capitaux, des biens et des personnes :** l'UE se définit comme un espace sans frontières intérieures.

▶ **Union européenne (UE) :** nom donné à la construction européenne depuis le traité de Maastricht (1992). L'UE comptait 12 États en 1992, pour 28 États depuis 2013.

① 1945-1990 : de quelle manière la France encourage-t-elle la construction européenne dans une Europe coupée en deux ?

Doc. 1 Un texte fondateur de la construction européenne

« En se faisant depuis plus de vingt ans le champion d'une Europe unie, la France a toujours eu pour objet essentiel de servir la paix. L'Europe n'a pas été faite, nous
5 avons eu la guerre. L'Europe ne se fera pas d'un coup, ni dans une construction d'ensemble : elle se fera par des réalisations concrètes créant d'abord une solidarité de fait. Le rassemblement des nations
10 européennes exige que l'opposition séculaire[1] de la France et de l'Allemagne soit éliminée. [...] Dans ce but, le gouvernement français [...] propose de placer l'ensemble de la production franco-allemande
15 de charbon et d'acier sous une Haute Autorité commune, dans une organisation ouverte à la participation des autres pays d'Europe. »

« Déclaration Schuman », Paris, 9 mai 1950.
1. Séculaire : très ancien.

1 Pourquoi le rapprochement franco-allemand apparaît-il indispensable à l'auteur ?

....

....

....

....

2 Par quels moyens Robert Schuman propose-t-il de commencer la construction européenne ?

....

....

....

....

Doc. 2 Le premier train de la CECA (10 février 1953)

3 À votre avis, à quoi correspondent les six drapeaux ?

....

....

....

4 Pourquoi le charbon est-il un signe économique fort à cette époque ?

....

....

....

◄ Ce train est chargé de charbon ; il passe la frontière entre la France et le Luxembourg.

Doc. 3 De Gaulle s'oppose à l'entrée de la Grande-Bretagne dans la CEE

▲ Caricature de presse britannique (1967).

5 Décrivez cette caricature.

....

....

....

....

....

6 Qu'est-ce qui montre l'hostilité de De Gaulle à la candidature de la Grande-Bretagne ?

....

....

....

Doc. 4 Ariane, une fusée pour l'Europe de l'espace

▲ La fusée Ariane à la Cité de l'espace, Toulouse. ESA signifie *European Space Agency*.

7 Combien de pays européens coopèrent dans le projet « Arianespace », d'après cette photo ?

....

8 Pourquoi une telle coopération est-elle nécessaire à la réussite de ce projet, selon vous ?

....

....

....

....

◖2 Depuis 1990 : quelle place pour la France dans une construction européenne élargie ?

Doc. 1 L'ouverture des frontières de l'Europe de l'Est

▲ En mai 1989, des militaires hongrois démantèlent le « rideau de fer » à la frontière avec l'Autriche.

1 Décrivez cette photographie.

....

....

....

....

2 Que signifie la disparition du « rideau de fer » pour les populations d'Europe de l'Est ?

....

....

....

3 Quelle perspective s'ouvre alors pour la construction européenne ?

....

....

....

4 Dans quels domaines les signataires du texte veulent-ils faire avancer l'Europe ?

....

....

....

5 Les objectifs qu'ils fixent ont-ils été atteints ?

....

Doc. 2 La relance du projet européen

Compte tenu des profondes transformations en Europe, [...] nous jugeons nécessaire d'accélérer la construction politique de l'Europe. Nous pensons que le moment est venu de
5 transformer l'ensemble des relations entre les États membres en une Union européenne [...]. Il s'agirait notamment de renforcer la légitimité démocratique de l'Union, de rendre plus efficaces les institutions, d'assurer l'unité
10 et la cohérence de l'action de l'Union dans les domaines économique, monétaire et politique, de définir et de mettre en œuvre une politique étrangère et de sécurité commune. [...] Notre objectif est que ces réformes fon-
15 damentales – l'Union économique et monétaire ainsi que l'Union politique – entrent en vigueur le 1er janvier 1993, après ratification par les Parlements nationaux.

Déclaration commune d'Helmut Kohl (Allemagne) et de François Mitterrand (France), 18 avril 1990.

Doc. 3   Comment faire avancer l'Europe ?

Le lundi 4 mars, le président Macron a publié, sur le site de l'Élysée, une lettre adressée aux « citoyens d'Europe » qui détaille sa vision de l'UE. Un chercheur réagit :

Loin de fédérer, le projet européen de Macron attise l'opposition face à lui. [...] Emmanuel Macron n'a jamais caché être partisan d'une Union européenne [pen-
5 sée comme] un centre de puissance. Mais cette conception de puissance est essentiellement une vision française qui ne soulève guère d'enthousiasme chez les autres pays membres. [...] Les petits
10 pays sont plus hostiles au concept de « l'Europe puissance » qu'ils considèrent comme un moyen pour l'Allemagne et la France de renforcer leur puissance institutionnelle en Europe. Néanmoins,
15 contrairement à Paris, Berlin se montre plus prudente [...] isolant encore plus Macron.

Alexandre Massaux, « L'Europe de Macron, un sujet source de divisions », *Contrepoints*, 10 mars 2019.

6 Quelle est l'ambition de la France pour l'Europe ?

....

....

7 Quels pays européens se méfient de la vision européenne et pour quelle raison ?

....

....

....

Doc. 4   La France au Mali

▲ Depuis 2013, plusieurs milliers de soldats français sont déployés au Mali et dans la région du Sahel pour aider les États d'Afrique de l'Ouest dans leur lutte contre le terrorisme.

8 À votre avis, pour quelle raison historique la France est-elle militairement présente en Afrique ?

....

....

....

9 En quoi ce déploiement militaire est-il le signe d'une puissance qui compte en Europe ?

....

....

1 Comment représenter l'extension de la construction européenne à travers le temps ?

Construire une frise chronologique montrant les principales étapes du processus d'élargissement de l'Union européenne

La construction européenne a démarré après-guerre avec les six pays que l'on appelle depuis « les États fondateurs ». Elle s'est étendue en plusieurs étapes jusqu'à réunir 28 États. D'autres encore sont dits « candidats » car ils souhaitent intégrer l'UE. La géographie de la construction européenne se modifie donc avec le temps.

DÉMARCHE

TRAVAIL INDIVIDUEL

Complétez la frise avec les noms des pays qui manquent, en vous aidant des informations disponibles dans les documents de la page 54.

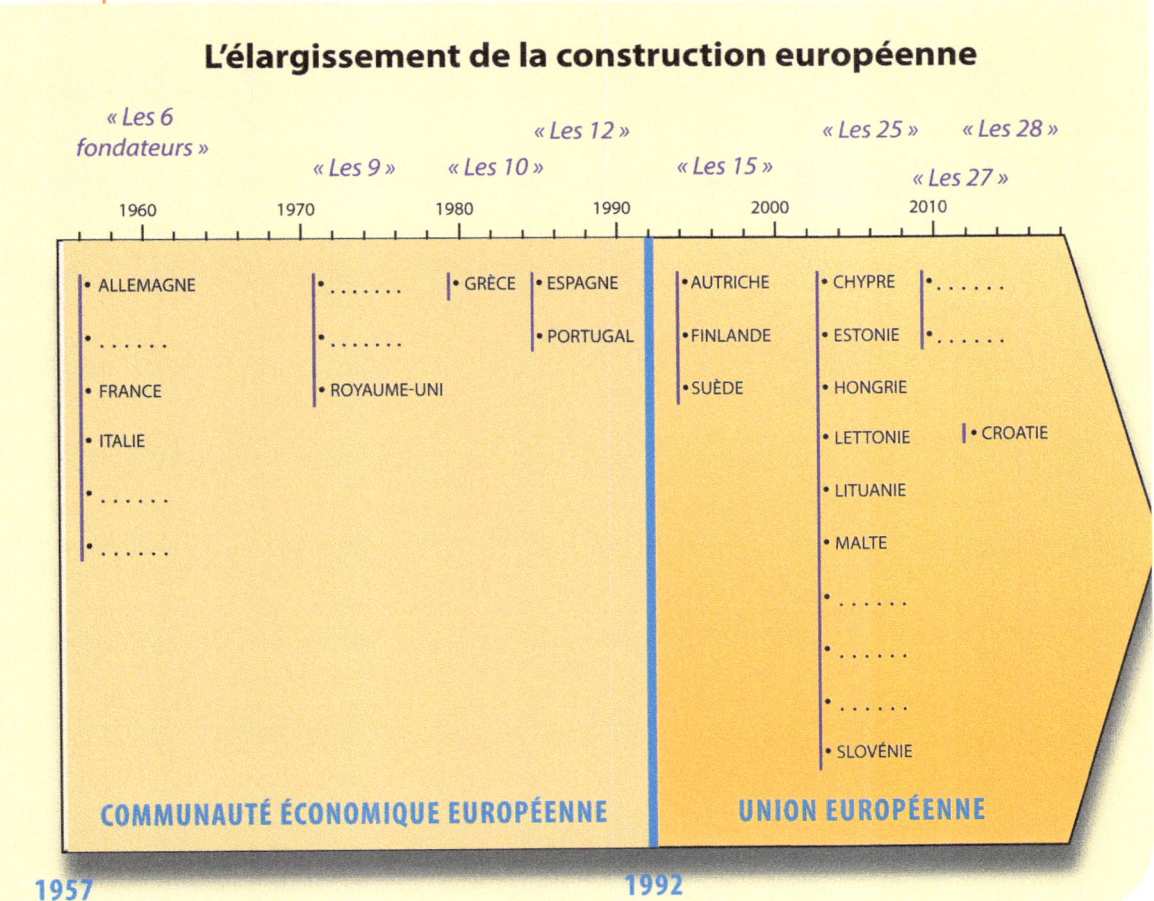

L'élargissement de la construction européenne

Doc. 1 L'Europe des Six

Cette affiche est diffusée dans les six pays qui viennent de ▲ signer, en 1957, le traité de Rome pour constituer la Communauté économique européenne. Ici, la version italienne de l'affiche.

Doc. 2 L'Europe des Dix

Cette affiche est diffusée en France à l'occasion des élections ▲ européennes de 1984. À ce moment-là, quatre nouveaux pays ont rejoint la CEE qui est appelée « l'Europe des Dix ».

Doc. 3 L'Europe passe de 15 à 28

La disparition progressive du bloc de l'Est, avec la chute du mur de Berlin en 1989, a permis au continent européen de se réunifier. Treize pays se sont ainsi lancés dans les années 1990 dans un processus d'adhésion à l'Union européenne. [...] Les chefs d'État ou de gouvernement ont décidé, [en] décembre 2002, qu'une ancienne république yougoslave (Slovénie), trois anciennes républiques soviétiques (Estonie, Lettonie, Lituanie), quatre anciens pays de l'Est (Pologne, République tchèque, Slovaquie, Hongrie) et deux îles de Méditerranée (Malte et Chypre) respectaient les critères pour entrer dans l'Union européenne. Ces pays ont donc intégré l'Union européenne le 1er mai 2004. [...] L'UE a ensuite signé un traité d'adhésion avec la Roumanie et la Bulgarie [qui ont adhéré] le 1er janvier 2007. [...] Les négociations d'adhésion avec la Croatie ont démarré en 2005 et [...] la Croatie est devenue le 28e État de l'Union européenne le 1er juillet 2013.

« Les élargissements de l'Union européenne, de 6 à 28 États membres »,
touteleurope.eu, 1er août 2018.

2 Comment les pays d'Europe se répartissent-ils entre l'UE, la zone euro et l'espace Schengen ?

Identifier les frontières de l'espace Schengen et les pays appartenant à la zone euro

> La construction européenne s'identifie principalement à l'Union européenne mais elle s'exprime également par d'autres ensembles, comme la zone euro et l'espace Schengen.

DÉMARCHE

En vous aidant des documents p. 56, placez les pays suivants dans le tableau : Grèce, Irlande, Monténégro, Norvège, Pologne, Roumanie.

ESPACE SCHENGEN : 25 États

UNION EUROPÉENNE : 28 États

3 États, dont ....

5 États, dont ....

4 États, dont ....

17 États, dont l'ALLEMAGNE, la FRANCE, l'ITALIE, l'ESPAGNE, mais aussi

....

ROYAUME-UNI

2 États, dont ....

2 États, dont ....

ZONE EURO : 21 États

Doc. 1 L'espace Schengen : 25 États

On désigne par « espace Schengen » l'ensemble des pays qui ont signé les accords de Schengen (1997) ▲ prévoyant la libre circulation des personnes entre les pays.

Doc. 2 La zone euro : 21 États

On désigne par « zone euro » l'ensemble des pays qui ont adopté l'euro comme monnaie. ▲

Je vérifie mes connaissances

A **Reliez chaque traité à sa date de signature et à son contenu.**

a. Traité franco-allemand

b. Traité de Maastricht

c. Traité de Rome

| 1. 1957 |
| 2. 1963 |
| 3. 1992 |

• Création de l'Union européenne

• Traité d'amitié

• Création de la Communauté économique européenne

B **Rappelez le rôle de chacun de ces présidents français dans la construction européenne.**

a. Charles de Gaulle : ....

....

b. François Mitterrand : ....

....

C **Rappelez le projet industriel de chacune de ces entreprises intereuropéennes.**

a. Ariane : ....

b. Airbus : ....

D **Combien y avait-il d'États membres de l'UE :**

a. en 1992 ? .... b. en 2013 ? ....

J'écris pour retenir

Complétez les phrases.

En 1957, six États européens ont signé le ....
pour constituer la Communauté économique européenne. Ils ont ensuite été rejoints par d'autres et ont transformé la CEE en ....
en 1992 avec le traité de Maastricht. La France était probablement le pays le plus influent au début de la construction européenne mais depuis, le poids économique de l' .... lui donne le premier rôle.

Je suis capable de...

CAPACITÉS	OUI	NON
Je sais construire une frise chronologique montrant les principales étapes du processus d'élargissement de l'Union européenne.		
Je sais identifier les frontières de l'espace Schengen et les pays appartenant à la zone euro.		

➡ Je m'entraîne

Doc. 1 **Les nations dans l'Europe**

Robert Schuman, responsable français, est un des principaux initiateurs de la construction européenne. Dans cet ouvrage, il livre sa vision de l'Europe à construire.

La politique européenne, dans notre esprit, n'est absolument pas contradictoire avec l'idéal patriotique de chacun de nous. [...] Toute organisation supranationale dépasse la nation, non pour la
5 diminuer et l'absorber, mais pour lui conférer un champ d'action plus large et plus élevé.

La nation a une vocation non seulement à l'égard de ses propres nationaux, mais aussi et autant à l'égard des autres nations. [...] Après
10 deux guerres mondiales, nous avons fini par reconnaître que la meilleure garantie pour la nation ne réside plus dans son splendide isolement, ni dans sa propre force [...] mais dans la solidarité des nations qui sont guidées par un
15 même esprit et qui acceptent des tâches communes dans un intérêt commun. [...] La politique européenne a pour objet de fournir <u>aux peuples libres de l'Europe</u> une structure susceptible [d'affronter] par leurs propres moyens
20 les énormes problèmes qui s'imposent à eux.

Robert Schuman, *Pour l'Europe*, Nagel, 1963.

Questions	Réponses
1. Présentez le document. Présentez sa nature (texte ? carte ? photographie ? etc.), son auteur, sa date de réalisation, le thème abordé.	Il s'agit d'un texte extrait d'un livre écrit en 1963 par Robert Schuman, l'un des « pères de l'Europe », dans lequel il présente sa vision de la construction européenne.
2. Quelle est l'idée principale de ce texte ? Relevez les arguments présentés dans le texte.	Selon l'auteur, les nations et la construction européenne doivent entretenir une relation complémentaire. On peut tout autant aimer son pays et la construction européenne, car cette dernière protège les nations du retour de la guerre.
3. Expliquez le passage souligné. Les textes contiennent souvent des passages avec des sous-entendus qu'il faut savoir repérer et décoder.	En évoquant « les peuples libres », Schuman fait référence aux peuples d'Europe de l'Est qui vivent sous un régime de dictature communiste et qui ne peuvent donc pas choisir leur destin. En 1963, la construction européenne se fait à l'ouest du continent uniquement.

➡ J'applique

Doc. 2 **Les conditions pour intégrer la construction européenne**

Jacques Delors, responsable français, a dirigé la CEE puis l'UE de 1984 à 1994. À ce titre, il a préparé l'ouverture de l'UE aux nouveaux États de l'Est, anciennement communistes.

Oui, les risques sont énormes pour la Communauté elle-même, tant l'accélération des événements a réveillé le débat sur la construction européenne. J'entends d'un côté les voix de ceux qui clament que, née de la guerre froide, l'Union des Douze doit disparaître avec elle. [...] Je vois aussi
5 tous ceux qui parlent déjà d'une <u>adhésion immédiate des pays de l'Est à la Communauté, comme si ceux-ci étaient déjà prêts politiquement et économiquement à l'exercice de la démocratie</u> pluraliste et de l'économie de marché. [...] La Communauté constitue un laboratoire unique de la démocratie plurielle, c'est-à-dire exercée par un concert de Nations. [...] Le
10 principe est clair pour nous : tout pays européen remplissant les conditions politiques de la démocratie peut demander son adhésion à la Communauté. [...] La question posée à chaque pays candidat est simple : acceptez-vous le contrat de mariage des Douze dans son intégralité et dans ses perspectives d'avenir : oui ou non ?

Jacques Delors, *Le Nouveau Concert européen*, Odile Jacob, 1992.

1. Présentez le document.

2. Quelle est l'idée principale de ce texte ?

3. Expliquez le passage souligné.

┈➤ Faites votre travail sur une feuille séparée.

4 Les populations et la construction européenne

INTRODUCTION

Dès l'origine, les populations ont été associées à la construction européenne. Progressivement, les Européens ont obtenu de nouveaux droits dans le cadre de la citoyenneté européenne tandis que l'Union européenne est entrée dans leur vie quotidienne. Toutefois, dans de nombreux pays, les opinions publiques sont aujourd'hui de plus en plus divisées entre partisans et opposants à la construction européenne.

PROBLÉMATIQUES

▸ Comment les populations sont-elles associées à la construction européenne ? **COURS 1 ›**

▸ Quelles sont aujourd'hui les limites de l'adhésion des populations au projet européen ? **COURS 2 ›**

DES CLÉS POUR COMPRENDRE

❝ Les symboles de l'Union européenne

➡ Pour faciliter l'adhésion des populations à la construction européenne, des symboles sont mis en avant par les États membres.

Le drapeau européen
Les douze étoiles disposées en cercle symbolisent les idéaux d'unité, de solidarité et d'harmonie entre les peuples européens.

Unie dans la diversité
Telle est la devise de l'Union européenne.

L'hymne européen
L'air est tiré de la *Neuvième symphonie* de Beethoven. Lorsqu'il est joué en tant qu'hymne européen, il est joué sans paroles.

9 mai : Journée de l'Europe
L'idée d'une Europe unie a été lancée pour la première fois le 9 mai 1950 par Robert Schuman, alors ministre français des Affaires étrangères. C'est pourquoi le 9 mai est célébré comme jour anniversaire de l'Union européenne.

Doc. 1 L'UE : des projets qui rapprochent, des choix qui divisent

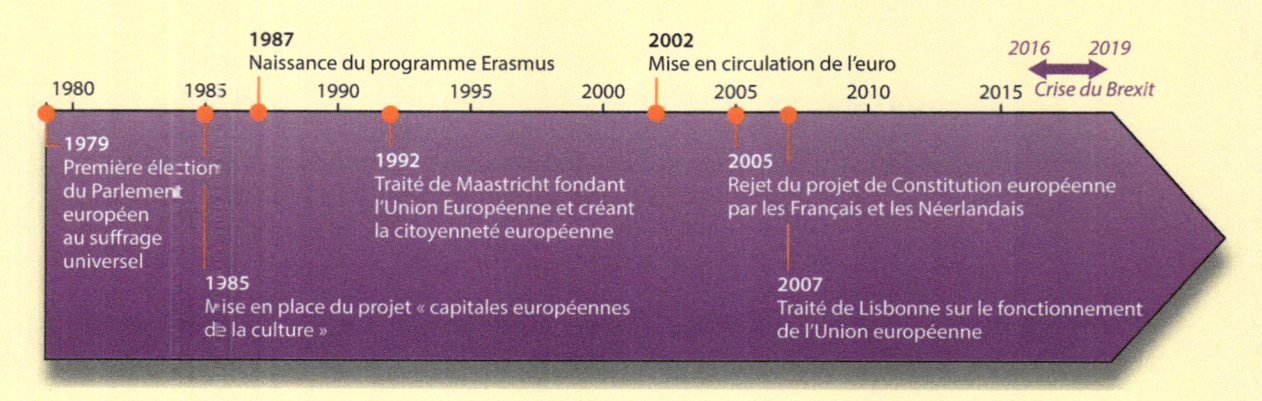

1987
Naissance du programme Erasmus

2002
Mise en circulation de l'euro

2016   2019

1980   1985   1990   1995   2000   2005   2010   2015   *Crise du Brexit*

1979
Première élection du Parlement européen au suffrage universel

1992
Traité de Maastricht fondant l'Union Européenne et créant la citoyenneté européenne

2005
Rejet du projet de Constitution européenne par les Français et les Néerlandais

1985
Mise en place du projet « capitales européennes de la culture »

2007
Traité de Lisbonne sur le fonctionnement de l'Union européenne

Doc. 2 Sortir ou rester dans l'Union européenne ? Les hésitations des Britanniques

Le 29 mars 2017, des milliers de Britanniques manifestent dans les rues de Londres ▲ pour contester le processus de sortie de l'Union européenne (Brexit) engagé par le gouvernement de Theresa May après les résultats du référendum de 2016. Cette situation témoigne des divisions de l'opinion publique britannique sur la construction européenne. Sur la pancarte : « Nous sommes européens », « Arrêtons cette folie du Brexit », « Ensemble nous sommes plus forts ».

QUESTIONS

1. Décrivez la photographie.

....

....

....

....

....

2. Que nous apprend-elle sur le rapport de certaines populations au projet européen ?

....

....

....

....

1 Comment les populations sont-elles associées à la construction européenne ?

COURS

1 Les programmes d'échanges européens

Dès les débuts de la construction européenne, la volonté de consolider la paix et de rapprocher les peuples européens passe par plusieurs initiatives, comme les jumelages entre communes de différents pays européens. De plus, les institutions européennes développent plusieurs programmes dans les domaines de l'éducation, de la formation et de la culture. Depuis 1985, des manifestations mettent à l'honneur les villes choisies chaque année comme «capitales européennes de la culture». Créé en 1987, le programme Erasmus permet d'étudier dans un autre pays de l'Union européenne. Il est aujourd'hui ouvert aux apprentis et aux professionnels. **Doc.1** p. 63

VOCABULAIRE

▸ **Commission européenne :** institution composée de commissaires nommés par chaque État membre et siégeant à Bruxelles. Elle a pour fonction d'établir le budget, de proposer les lois au Parlement et de les faire exécuter par les États membres.

▸ **Parlement européen :** institution composée de députés élus par les citoyens européens et siégeant à Strasbourg. Le Parlement européen a pour rôle de discuter, modifier et voter les lois au sein de l'UE, ainsi que le budget.

2 La citoyenneté européenne

Depuis 1979, les électeurs de chacun des États membres sont appelés à choisir leurs représentants au Parlement européen. **Doc.2** p. 64 Simone Veil, femme politique française, déportée à Auschwitz pendant la Seconde Guerre mondiale, fut la première présidente du Parlement européen.

Les députés européens jouent un rôle majeur dans la discussion et le vote des lois qui s'appliquent aux États membres.

Le traité de Maastricht, adopté en 1992, fonde la citoyenneté européenne, qui détermine de nouveaux droits. **Doc.3** p. 64 Par ce statut, les citoyens des États membres peuvent librement circuler, séjourner, travailler et étudier dans un autre pays de l'UE. Et s'ils y sont installés, ils peuvent aussi voter aux élections municipales et européennes dans cet État. Depuis le traité de Lisbonne (2007), les citoyens de l'UE possèdent également le droit d'adresser des pétitions au Parlement et de proposer des idées à la Commission européenne, qui est chargée de proposer les lois (droit d'initiative citoyenne).

JE RETIENS **LE COURS**

1 Quel programme européen favorise les études à l'étranger pour les étudiants et apprentis ?

....

....

2 Quel traité définit la citoyenneté européenne ?

....

....

3 Citez deux droits accordés aux citoyens européens vivant dans un autre État membre.

....

....

....

→ Voir Je comprends le cours p. 63.

2 Quelles sont aujourd'hui les limites de l'adhésion des populations au projet européen ?

COURS

1 Des craintes d'hier...

Des craintes se sont exprimées au moment de l'entrée dans l'Union européenne de populations moins riches (Europe du Sud dans les années 1980, Europe de l'Est dans les années 2000) perçues comme de potentiels concurrents sur le marché de l'emploi.

La candidature de la Turquie, pays à majorité musulmane étendu sur l'Asie et peu démocratique, a fait naître dans les années 1990 des débats sur les limites géographiques et sur l'identité culturelle de l'Europe. En outre, la ratification du traité de Maastricht de 1992, qui fondait l'Union européenne et annonçait l'euro, s'est faite avec difficulté. Plus récemment, en 2005, le projet de Constitution européenne a été rejeté par les citoyens français et néerlandais, entraînant son abandon. Ces événements prouvent qu'une partie de l'opinion éprouvait de la méfiance ou des réticences envers l'UE.

2 ... à l'euroscepticisme d'aujourd'hui

Le taux d'**abstention** lors des élections au Parlement européen dépasse régulièrement les 50 % depuis 1999 et, parmi les élus, le nombre de députés eurosceptiques augmente. **Doc.2 p. 66** La tendance à l'**euroscepticisme** se confirme dans plusieurs pays. **Doc.3 p. 66** Ainsi, en 2016, le référendum organisé au Royaume-Uni s'est conclu par la victoire des partisans de la sortie de l'UE. **Doc.1 p. 65** Le **Brexit** a provoqué une crise d'ampleur européenne.

VOCABULAIRE

▸ **Abstention** : pratique consistant à refuser de participer à un vote.

▸ **Approfondissement** : renforcement des institutions de l'Union européenne ou des politiques communes.

▸ **Brexit** : abréviation de « *British Exit* », désignant la sortie du Royaume-Uni de l'Union européenne.

▸ **Europhilie** : amour de la construction européenne. L'europhilie peut être opposée à l'euroscepticisme.

▸ **Euroscepticisme** : attitude méfiante et critique vis-à-vis de la construction européenne.

JE RETIENS **LE COURS**

❶ Quelles craintes les élargissements des années 1980 et 2000 ont-ils suscitées ?

....
....
....
....

❷ À quelle date et dans quel pays la sortie de l'Union européenne a-t-elle été décidée ?

....
....

➔ Voir **Je comprends le cours** p. 63.

1 Comment les populations sont-elles associées à la construction européenne ?

Doc. 1 Le programme Erasmus+

1 D'après cette affiche, quels publics sont concernés par le programme Erasmus+ ?

....

....

....

....

....

....

....

....

....

2 Entourez sur l'affiche ce qui montre qu'Erasmus+ a une ambition qui dépasse les frontières de l'Europe.

🔍 **RECHERCHE**

• Rendez-vous sur le site du programme Erasmus+ et consultez des témoignages d'apprentis ayant participé au programme.
https://www.generation-erasmus.fr/

Notes

....

....

....

Doc. 2 Les premières élections du Parlement européen

▲ Caricature de F. Behrendt, *Frankfurter Allgemeine Zeitung*, 9 juin 1979.

3 Entourez la partie du dessin qui illustre la notion de suffrage universel.

4 Dites ce que représentent les personnages et les noms qui apparaissent sur le dessin à l'arrière-plan.

....

....

....

5 Expliquez le sens de leur geste et l'impression qui ressort de cette scène.

....

....

....

....

Doc. 3 La citoyenneté européenne

Je suis citoyen européen

Je suis citoyen d'un État de l'Union européenne
↓
Je suis aussi citoyen européen

J'appartiens à une communauté de valeurs

justice
égalité   solidarité
citoyenneté   liberté
                dignité

J'ai des droits, parmi lesquels

Élections municipales   Élections européennes

Je peux voter dans un autre État membre

Je peux circuler librement dans les États membres

Je peux lancer des pétitions et initiatives citoyennes

◄ Source : www.touteleurope.eu

6 Identifiez les droits qui donnent un rôle politique aux citoyens de l'Union européenne.

7 Justifiez la phrase suivante : « Les valeurs européennes sont proches des valeurs de la République française. »

....

....

....

2 Quelles sont aujourd'hui les limites de l'adhésion des populations au projet européen ?

Doc. 1 Les partisans du Brexit

Manifestants pro-Brexit devant le Parlement de Londres, 8 janvier 2019.
Les slogans : « Pas d'accord de sortie (de l'UE) ? Pas de problème ! »,
« Croyez en la Grande-Bretagne », « Quitter (l'UE) veut dire quitter » ▼

1 Décrivez cette photographie : personnages, slogans, drapeaux.

....

....

....

2 Que veulent les partisans du Brexit ?

....

....

....

🔍 **RECHERCHE**

• Rendez-vous sur « Toute l'Europe », le portail français consacré à l'Union européenne, pour approfondir certains sujets comme l'adhésion de nouveaux États membres, pour suivre le dossier du Brexit ou comprendre les résultats des dernières élections européennes.
https://www.touteleurope.eu/actualite/quels-sont-les-groupes-politiques-representes-au-parlement-europeen.html

Doc. 2 | La participation aux élections du Parlement européen de 1979 à 2019

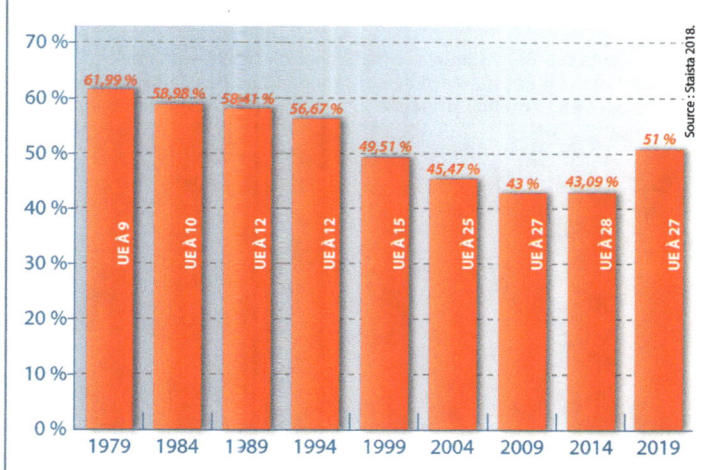

Source : Statista 2018.

3 Décrivez ce que montre ce graphique pour la période 1979-2014.

....

....

....

....

4 Comment interpréter ce phénomène ?

....

5 Que s'est-il passé entre 2014 et 2019 ?

....

....

....

....

Doc. 3 | L'Italie, d'europhile à eurosceptique ?

Après l'élection législative de 2018 en Italie, le chercheur français Marc Lazar est interrogé sur la montée du parti de la Ligue du Nord de Matteo Salvini et sur les relations qu'entretiennent les Italiens avec la construction européenne.

C'est un des grands changements historiques de ce pays, qui était l'un des plus europhiles, devenu euromorose et eurosceptique. Cette transformation a commencé dans les années 1990, à partir du moment où les critères de Maastricht ont été imposés, et avec eux une politique de rigueur très forte [...]. Il y a un deuxième décrochage, à partir de 2007-2008 et de la crise économique et financière, et des politiques, cette fois-ci ouvertes, de rigueur et d'austérité, qui ont entraîné quatre années de récession[1]. Enfin, il y a la question des migrants, à partir de 2013. La masse de migrants qui arrive sur les côtes italiennes et ce sentiment des Italiens d'avoir été abandonnés par les pays voisins, à commencer par la France, et globalement par l'Union européenne.

Marc Lazar, propos recueillis par Florian Reynaud, « Italie : "L'un des pays les plus europhiles est devenu euromorose et eurosceptique" », *Le Monde*, 6 mars 2018.

1. Récession : recul et difficultés de l'activité économique.

6 D'après vos connaissances, dites pourquoi, au début du texte, l'auteur présente les Italiens comme ayant été europhiles par le passé.

....

....

....

....

....

....

7 Soulignez deux types de raisons qui ont conduit certains Italiens à devenir eurosceptiques.

1 Comment les jumelages participent-ils à la construction européenne ?

Décrire les activités réalisées dans le cadre d'un jumelage entre deux collectivités locales européennes

L'Europe s'est construite à l'échelle locale avec des citoyens et des élus locaux désireux de tisser des liens avec les habitants d'autres villes et villages européens. Les premiers jumelages entre communes européennes sont nés dans les années 1950. On en compte aujourd'hui près de 20 000 dans toute l'Europe.

DÉMARCHE

TRAVAIL INDIVIDUEL

ÉTAPE 1

Répondez aux questions sous les documents 1 à 4.

ÉTAPE 2

Supposons qu'aucun jumelage n'existe dans votre commune.
Rédigez une lettre à votre maire pour le convaincre de lancer une démarche pour établir un partenariat de jumelage. Votre lettre devra présenter des exemples d'activités réalisées par des communes jumelles en Europe. Elle devra expliquer l'intérêt d'un jumelage pour votre commune et pour ses habitants.

Doc. 1 Jumelages et construction européenne

[Après la Seconde Guerre mondiale], « l'objectif des jumelages est de contribuer à ramener la paix sur le continent ». Avant-guerre, seules cinq collectivités territoriales étaient liées avec leurs homologues européennes. « Après 1945, les
5 échanges se nouent surtout avec l'Allemagne. Des liens entre la population locale de part et d'autre de la frontière ou des points communs entre villes motivent les partenariats. » […] Mais bientôt, des cités d'autres pays se lient à des agglomérations françaises, notamment du Royaume-Uni, de
10 l'Italie, et plus tard d'Espagne et du Portugal, redevenus démocraties. Au début des années 1970, le nombre de jumelages explose. Plus de mille sont signés. En pleine guerre froide, l'Europe de l'Est participe au mouvement, le plus souvent avec des villes dirigées par le Parti com-
15 muniste. « Depuis la chute du mur de Berlin, de nouveaux accords se sont concrétisés ».

Yves Deloison, « À quoi servent les jumelages de villes ? », *L'Express.fr*, 12 novembre 2015.

1 Soulignez l'objectif des premiers jumelages européens.

2 Pourquoi le nombre de jumelages a-t-il par la suite augmenté ?

Doc. 2 Un panneau d'entrée de ville

Chaque commune décide du nombre de ses partenariats. La commune de Cissé (département de la Vienne) bat des records avec 28 jumelages, un dans chaque pays membre de l'Union européenne.

3 Soulignez les pays d'Europe où se trouvent les villes jumelles de la commune de Valence.

4 Entourez les villes jumelles qui ne font pas partie de l'UE.

Doc. 3 Un jumelage actif : Montbéliard (Franche-Comté) et Ludwigsburg (Baden-Württemberg, Allemagne)

1950	Un groupe d'élus de Montbéliard part en délégation à Ludwigsburg. En retour, une délégation allemande est accueillie à Montbéliard.
1951	Première rencontre sportive entre jeunes et vétérans des clubs de football des deux villes.
1960	Accord de jumelage entre le lycée Cuvier de Montbéliard et le Mörike Gymnasium de Ludwigsburg.
1962	Signature officielle de l'accord de jumelage.
1979	Lancement des journées d'étude entre municipalités. Des agents des villes, des élus et des personnalités extérieures se rencontrent chaque année pour comparer leurs pratiques et échanger sur un thème (exemples : la petite enfance, l'égalité des chances, les transports).
1990	Les deux villes reçoivent le prix De Gaulle-Adenauer qui récompense chaque année les actions menées au service de la réconciliation, de la coopération et de l'amitié franco-allemande.
1999	Mise en place du partenariat entre les services « espaces verts ».
2006	Lancement du projet artistique entre le collège Pergaud/Brossolette et le Goethe Gymnasium de Ludwigsburg : tous les deux ans, les jeunes élèves choristes français et les musiciens de l'orchestre du collège allemand se rencontrent pour organiser un concert.
	Les villes jumelles lancent un projet de coopération commun en faveur de la province du Bam, au Burkina Faso. Grâce à lui, une zone maraîchère a été aménagée, assurant de la nourriture pour 900 personnes.
2007	Festival de musique pour la jeunesse à Ludwigsburg, ouvert à toutes ses villes jumelles. Un groupe de rap montbéliardais participe à l'opération.
2009	Premier tournoi entre associations sportives de tennis des deux villes.

5 Identifiez, en les entourant, les acteurs qui font vivre les accords de jumelage de Montbéliard et Ludwigsburg.

6 Décrivez les activités réalisées dans le cadre du jumelage en les classant en trois catégories : échanges entre services municipaux / échanges sportifs et culturels / échanges scolaires.

....

....

....

Doc. 4 La jeunesse au cœur des jumelages

◄ Affiche éditée par la mairie de Vannes, 2014.

7 Décrivez le programme d'action présenté par cette affiche.

....

....

....

....

8 Relevez dans le document 3 d'autres actions qui ciblent la jeunesse.

....

....

....

....

9 D'après vous, pourquoi les actions impliquant la jeunesse sont-elles si nombreuses ?

....

....

....

2 Quels sont les enjeux de l'opération « Capitale européenne de la culture » ?

Relever des éléments qui caractérisent une ville « capitale européenne de la culture »

Depuis 1985, une cinquantaine de villes ont porté le titre de « capitale européenne de la culture » décerné par les institutions européennes.
Si l'opération a été créée pour favoriser la construction européenne par le biais de la culture, elle offre aussi d'autres opportunités aux villes ayant obtenu ce titre.

DÉMARCHE

TRAVAIL COLLECTIF

ÉTAPE 1

Montrez la diversité des villes qui ont obtenu le titre de « capitale européenne de la culture ». Pour cela, relevez le nom des villes citées dans les documents et situez-les en Europe (localisation du pays ; ancien ou nouveau pays membre de l'UE).

ÉTAPE 2

Décrivez les activités développées par les villes durant l'année où elles portent le titre. Pour cela, relevez dans les documents 1 et 2 des données chiffrées, et des exemples d'activités dans différents domaines culturels.

ÉTAPE 3

Montrez les retombées positives pour les villes qui décrochent le titre. Pour cela, étudiez le document 3 et classez son contenu en trois catégories : amélioration de l'offre culturelle ; retombées économiques positives ; rénovation urbaine.

·····⟩ Faites votre travail sur une feuille séparée.

Doc. 1 La dimension européenne des activités développées par les villes porteuses du titre

Démarche	Exemples de réalisation
Mettre en valeur le patrimoine européen de la ville	• Saint-Jacques-de-Compostelle (Espagne, 2000) : lieu de pèlerinage depuis le Moyen Âge • Rotterdam (Pays-Bas, 2001), lieu de naissance d'Érasme, grand humaniste européen
Inviter / Mettre en avant des artistes originaires d'autres pays et de renommée européenne	• Exposition Picasso à Copenhague (Danemark, 1996) • Concert de U2 à Thessalonique (Grèce, 1997) • Exposition Van Gogh à Mons (Belgique, 2015)
Lancer des coopérations entre des artistes ou des organisations culturelles basés dans différents pays d'Europe	• Création du réseau « Trans Danse Europe » qui associe des compagnies de danse contemporaine entre les capitales européennes de la culture de l'année 2000 (Avignon en France, Bruxelles en Belgique, Cracovie en Pologne...) • Divers jumelages artistiques lancés par Essen (Allemagne, 2010) dans plus de 30 pays
Établir une programmation (conférences, spectacles, expositions, installations...) autour de thématiques et d'enjeux européens	• Thème « Multiculturalisme et multilinguisme » à Luxembourg (Luxembourg, 1995) • Thème « Migrations et exils » à Copenhague (Danemark, 1996) • Thème « Foi et dialogues interreligieux » à Graz (Autriche, 2003)
Intégrer à l'opération d'autres villes et pays européens	• Organisation de 2 500 manifestations sur 193 communes de la Région Nord-Pas-de-Calais et de la Belgique dans le cadre de « Lille, capitale européenne de la culture pour l'année 2004 »

Tableau établi à partir de diverses études : rapport PALMER RAE (2004) ; rapports ECORYS annuels sur les capitales européennes de la culture ; étude « Capitales européennes de la culture : stratégies de réussite et retombées à long terme » (2013) commandée par le Parlement européen.

Doc. 2 Matera et Plovdiv, les deux capitales européennes de la culture pour l'année 2019

En bas à gauche, le théâtre antique de Plovdiv (Bulgarie) construit au IIᵉ siècle sous l'Empire romain.
En haut à droite, l'église de San Pietro Caveoso à Matera (sud de l'Italie) avec sa façade baroque.
À Plovdiv comme à Matera, plus de 300 projets et manifestations artistiques sont programmés pour l'année 2019.

Doc. 3 Les retombées de l'opération à Liverpool (Royaume-Uni)

En 2003, Liverpool obtient le titre de « capitale européenne de la culture pour l'année 2008 ». Entre ces deux dates, d'importantes transformations ont pu être constatées.
En quasi-faillite dans les années 1980, sinistrée par la crise industrielle, le chômage, le hooliganisme[1], [Liverpool] connaît aujourd'hui une deuxième jeunesse. Les quais et bâtiments en brique rouge d'Albert Dock[2] sont deve
5 nus le poumon culturel de Liverpool avec le musée des Beatles, la Tate[3], le musée de l'esclavage ouvert pendant l'été 2007, le musée maritime et, bientôt, le musée de Liverpool. Surnommée « la capitale des grues », la ville a vu pousser des bâtiments hypermodernes à la place des quartiers vétustes[4] du centre-ville, pour accueillir des sociétés qui ont créé 40 000 emplois en cinq ans. [...] La priorité est désormais de développer l'offre hôtelière. En trois
10 ans, le nombre de touristes étrangers a triplé (625 000 personnes), classant Liverpool en sixième position au Royaume-Uni.

« Portfolio. Liverpool, capitale européenne de la culture en 2008 »,
Le Monde, 10 janvier 2008.

1. Hooliganisme : comportement des hooligans, supporters de football très violents.
2. Quartier de Liverpool.
3. Tate : musée consacré à l'art moderne et contemporain.
4. Vétuste : ancien et en mauvais état.

Je vérifie mes connaissances

A **Entourez la bonne réponse : quels pays sont membres de l'Union européenne mais n'ont pas adopté l'euro ?**

a. Italie, Estonie, Lettonie, Grèce, Chypre

b. Suède, Danemark, Royaume-Uni, Pologne, Bulgarie

c. Irlande, Royaume-Uni, Suisse, Norvège, Turquie

B **Depuis quelle date les citoyens européens élisent-ils leurs représentants au Parlement européen ?**

a. 1992   b. 2007   c. 1979

C **Depuis quelle date l'euro est-il en circulation ?**

a. 1992   b. 2002   c. 2007

D **Dites si les propositions suivantes sont vraies ou fausses, et corrigez celles qui sont fausses.**

PROPOSITION	VRAI	FAUX
a. Le traité de Maastricht a été adopté par référendum en 2005.		
b. Le traité de Maastricht prévoit la création d'une monnaie commune.		
c. Le traité de Maastricht donne le droit de circuler librement dans l'Union européenne aux citoyens européens.		
d. Le traité de Maastricht donne aux citoyens de l'UE installés dans un autre État membre le droit de voter à toutes les élections de ce pays.		
e. Les élections européennes mobilisent de plus en plus les citoyens européens.		
f. Les députés eurosceptiques élus au Parlement européen sont de plus en plus nombreux, mais ils sont divisés en plusieurs groupes politiques.		
g. Les élargissements de l'Union européenne ont toujours fait l'objet de craintes.		

E **Associez à chaque pays un événement marquant les progrès de l'euroscepticisme.**

a. Royaume-Uni

b. France

c. Danemark

1. 2005 : rejet par référendum du traité sur la Constitution européenne

2. 1992 : rejet du traité de Maastricht lors d'un premier référendum

3. 2016 : rejet par référendum du maintien du pays dans l'Union européenne

Je suis capable de...

CAPACITÉS	OUI	NON
Je sais décrire les activités réalisées dans le cadre d'un jumelage entre deux collectivités locales européennes.		
Je relève des éléments qui caractérisent une ville « capitale européenne de la culture ».		

Je m'entraîne

Doc. 1 Un militant britannique devant la Banque d'Angleterre à Londres, le 2 janvier 2002

Traduction : « Gardons la livre. Aucune concession. À bas l'euro » *Rule Britannia* est le titre d'une chanson patriotique datant du XVIIIe siècle.

Questions	Réponses
1. Présentez et décrivez le document. Présentez sa nature et précisez dans quel contexte il a été émis. Puis décrivez l'image.	Cette photographie a été prise à Londres, capitale du Royaume-Uni, au début de l'année 2002. On voit, au premier plan, un homme costumé brandissant une pancarte. Il se tient devant la Banque d'Angleterre, visible à l'arrière-plan. Ce citoyen manifeste pour garder la monnaie de son pays, la livre sterling, au moment où l'euro est mis en circulation dans les pays qui ont adopté la monnaie commune.
2. Expliquez le document. Expliquez le choix des slogans, de la tenue du militant et du lieu de la manifestation. Quelle attitude vis-à-vis de la construction européenne cette photographie illustre-t-elle ?	Le militant choisit de manifester devant la Banque d'Angleterre, symbole du pouvoir monétaire du Royaume-Uni. On repère sur son costume et sa pancarte une multitude de drapeaux du Royaume-Uni, par opposition au drapeau européen. Il fait aussi référence à une chanson patriotique, *Rule Britannia*, sur sa pancarte. Cette photographie révèle le rejet de l'euro et plus largement l'euroscepticisme d'une partie de l'opinion publique européenne.
3. Mettez en perspective le document. Existe-t-il d'autres pays dans l'Union européenne où cette attitude s'exprime de la même façon ?	Le rejet de la monnaie européenne s'est aussi exprimé au Danemark et en Suède. Plusieurs pays d'Europe de l'Est n'ont pas non plus adopté l'euro.

Doc. 2 Un militant britannique devant le Parlement à Londres, en juin 2006

J'applique

1. Présentez et décrivez le document.
2. Expliquez le document.
3. Mettez en perspective le document.

⟶ Faites votre travail sur une feuille séparée.

1 Les transports et les échanges à l'heure de la mondialisation

INTRODUCTION

Depuis la fin du XIXe siècle, les échanges de biens, de services et de capitaux ne cessent de se développer. Les flux se multiplient particulièrement entre l'Europe, l'Amérique du Nord et l'Asie-Pacifique. Cette mondialisation des échanges est permise par les progrès des transports et des activités de logistique, tant en termes de rapidité que de volumes transportés.

PROBLÉMATIQUES

▶ Comment s'organisent les échanges mondiaux ? **COURS 1 ▸**

▶ Comment la révolution des transports facilite-t-elle la mondialisation des échanges ? **COURS 2 ▸**

DES CLÉS POUR COMPRENDRE

❓ Quel est le rôle des transports dans la mondialisation ?

➠ La **mondialisation** se caractérise par une accélération des échanges de toutes natures entre les différents pays et continents : échanges de matières premières, de marchandises, de personnes, d'informations, etc.

➠ La mondialisation est liée à la **révolution des transports** : cette expression désigne l'ensemble des progrès techniques réalisés dans les moyens de transport pour augmenter leur capacité de chargement et leur vitesse.

➠ **Plusieurs révolutions des transports** se sont succédé depuis le XIXe siècle : navire à vapeur (au début du XIXe siècle), chemin de fer (au milieu du XIXe siècle), spécialisation des navires (pétroliers, gaziers, vraquiers, etc., au début du XXe siècle), aviation commerciale (au milieu du XXe siècle), porte-conteneurs (depuis les années 1960).

Doc. 1 **Les transports maritimes au cœur de la mondialisation**

Shenzhen, 3ᵉ port mondial de conteneurs, est situé au sud-est de la Chine.
Il connaît l'une des croissances de trafic parmi les plus rapides au monde.

CHINE
Shenzhen

QUESTIONS

1. Relevez les modes de transport sur lesquels circulent les conteneurs.

....

....

2. D'après vous, quel type de produit peuvent transporter ces conteneurs ?

....

....

Les transports et les échanges dans le monde

L'organisation des échanges internationaux

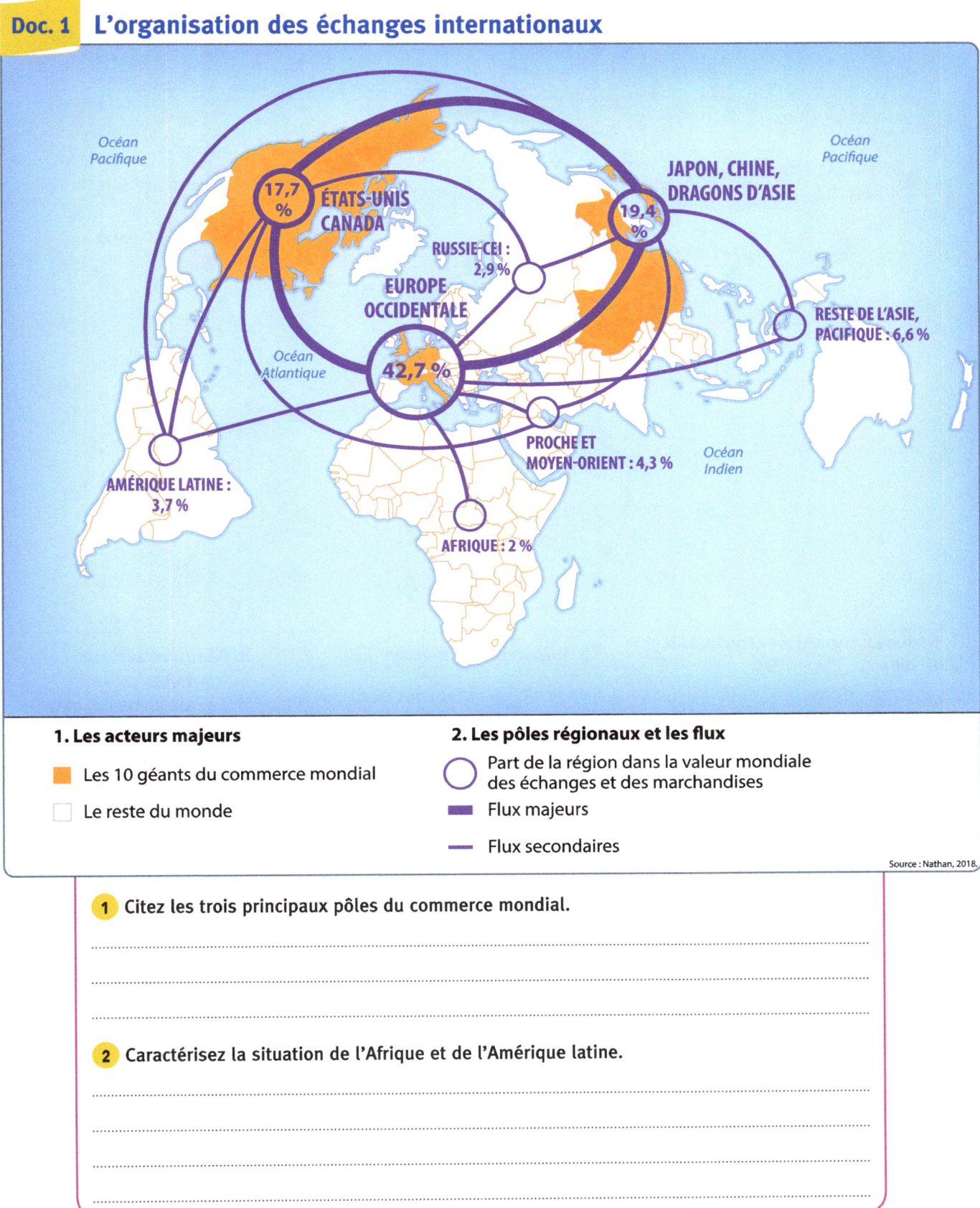

1. Les acteurs majeurs

🟧 Les 10 géants du commerce mondial

⬜ Le reste du monde

2. Les pôles régionaux et les flux

◯ Part de la région dans la valeur mondiale des échanges et des marchandises

━ Flux majeurs

─ Flux secondaires

Source : Nathan, 2018.

1 Citez les trois principaux pôles du commerce mondial.

....

....

....

2 Caractérisez la situation de l'Afrique et de l'Amérique latine.

....

....

....

....

Doc. 2 **Les principaux réseaux de transport dans le monde**

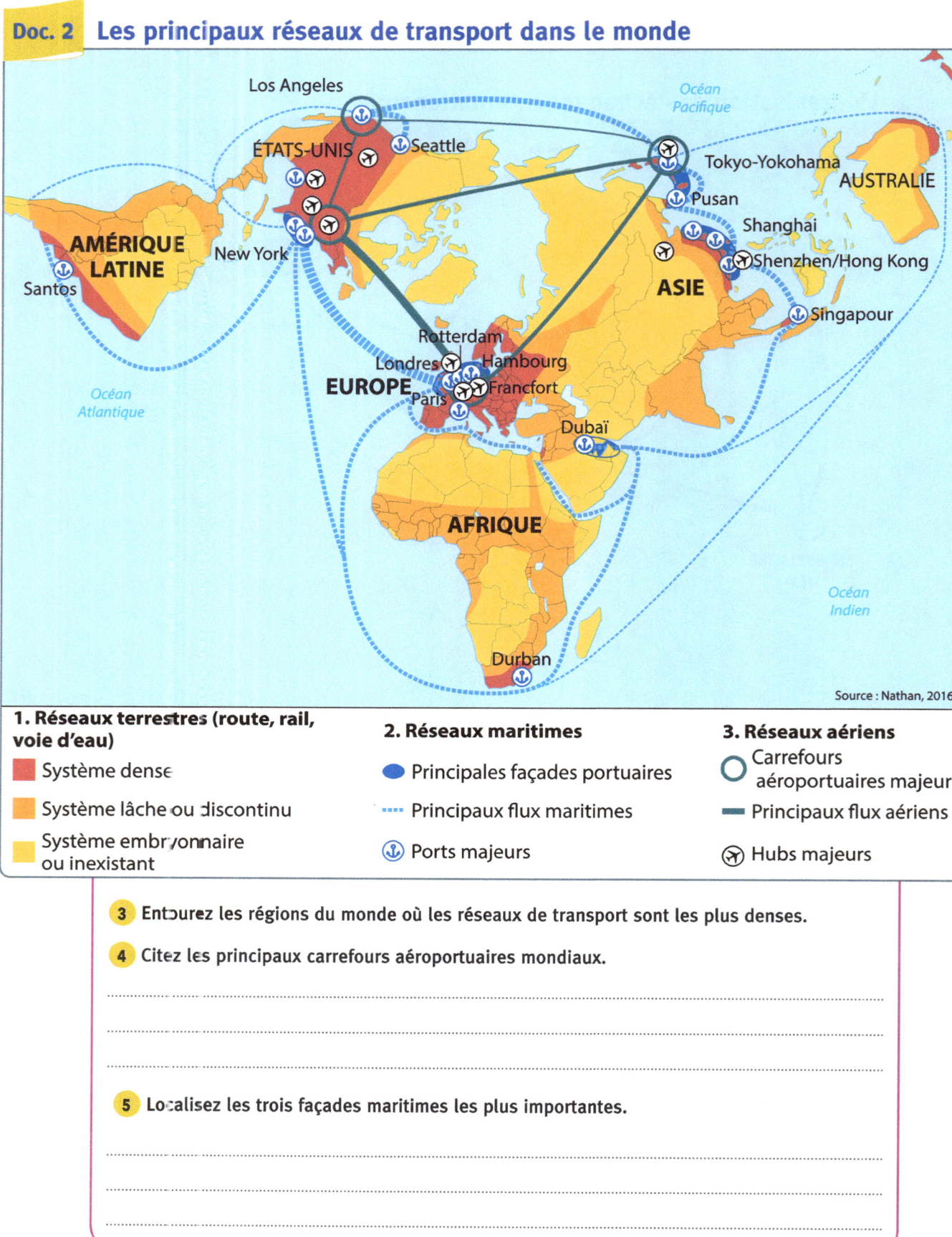

Source : Nathan, 2016.

1. Réseaux terrestres (route, rail, voie d'eau)

- 🟥 Système dense
- 🟧 Système lâche ou discontinu
- 🟨 Système embryonnaire ou inexistant

2. Réseaux maritimes

- 🔵 Principales façades portuaires
- ···· Principaux flux maritimes
- ⚓ Ports majeurs

3. Réseaux aériens

- ⭕ Carrefours aéroportuaires majeurs
- ▬ Principaux flux aériens
- ✈ Hubs majeurs

3 Entourez les régions du monde où les réseaux de transport sont les plus denses.

4 Citez les principaux carrefours aéroportuaires mondiaux.

....

....

....

5 Localisez les trois façades maritimes les plus importantes.

....

....

....

1 Comment s'organisent les échanges mondiaux ?

COURS

1 L'explosion des échanges mondiaux

Depuis 1950, le volume des échanges internationaux de marchandises a été multiplié par 80 pour les produits manufacturés. **Doc.2 p. 79**

Le transport maritime assure 90 % des échanges internationaux de marchandises. Le transport aérien de marchandises est dominé par quelques compagnies : FedEx, UPS, DHL et TNT, qui possèdent leurs propres avions et des *hubs*. Il est le complément indispensable du commerce par Internet.

Les transports terrestres, en particulier le train et le camion, demeurent essentiels pour acheminer les marchandises jusqu'aux consommateurs.

2 Des échanges de diverses natures

Les produits industriels (appelés aussi « produits manufacturés ») constituent le cœur des échanges mondiaux de marchandises ; ils sont transportés dans le monde entier grâce aux porte-conteneurs. Avec l'énergie (hydrocarbures), les minerais et les produits agricoles (blé, café, soja), ils constituent des **flux** matériels. **Doc.2 p. 79**

Les services et les capitaux (argent, actions...) échangés forment les **flux** immatériels. Les services (transports, tourisme, assurances, culture) constituent un quart des échanges. Le marché de l'argent s'organise à partir de quelques grandes bourses situées sur tous les continents et grâce à Internet. Les capitaux servent à des investissements directs à l'étranger et constituent 30 % des échanges internationaux. **Doc.3 p. 79**

3 Des réseaux de transport variés

Selon la distance et le budget, les marchandises et les services empruntent des modes de transport différents. Les supports matériels (**câbles** terrestres ou **sous-marins**, voies de transport) ou immatériels (réseaux satellitaires, lignes aériennes) se concentrent sur quelques **pôles** qui permettent de passer d'un mode de transport à un autre (aéroport, gare, port). **Doc.1 p. 79** Ces pôles sont les **plates-formes multimodales**, qui attirent entreprises, marchandises et capitaux. L'Europe, l'Amérique du Nord et l'Asie orientale possèdent des réseaux denses et des plates-formes multimodales internationales. Ces pôles attirent les flux, avec près de 80 % des échanges mondiaux de marchandises et les trois quarts des échanges de services.

NOTIONS / VOCABULAIRE

▶ **Câbles sous-marins :** câbles posés au fond des mers et des océans, et destinés à acheminer des télécommunications.

▶ **Flux :** ensemble des hommes, des informations, des marchandises ou des capitaux en déplacement d'un endroit à un autre.

▶ *Hub :* lieu de correspondance (aéroport, port, serveur informatique ou Internet, etc.) qui concentre et redistribue les flux de marchandises, de personnes ou d'informations à différentes échelles.

▶ **Plate-forme multimodale :** lieu qui assure l'interconnexion entre différents réseaux de transport.

▶ **Pôle :** lieu de départ et d'arrivée des principaux flux.

JE RETIENS — LE COURS

1 Indiquez le mode de transport le plus utilisé pour les échanges mondiaux de marchandises.

....

2 Citez les trois régions du monde qui concentrent les échanges mondiaux.

....

....

→ Voir Je comprends le cours p. 79.

2 Comment la révolution des transports facilite-t-elle la mondialisation des échanges ?

COURS

1 Les marchandises sont surtout échangées par voie maritime

Grâce à la **conteneurisation**, les marchandises emballées dans les usines de production sont livrées à leurs destinataires par une chaîne de transports terrestres (camions, trains) et maritimes (navires porte-conteneurs). L'importance du commerce maritime mondial est liée à son faible coût ; elle est permise par l'aménagement de vastes infrastructures portuaires.

Les **façades maritimes** de l'Atlantique et du Pacifique **Doc.1 p. 81**, constituées de grands ports, sont des espaces au cœur de la mondialisation. Des plates-formes multimodales et des zones industrielles **Doc.2 p. 82** animent les grands ports (Shanghai, Rotterdam, Los Angeles).

De nouvelles routes maritimes apparaissent, comme celle du Nord-Ouest. Cette route qui passe par l'océan Arctique permet des gains de temps importants et intègre cet océan à la mondialisation.

2 De la **révolution des transports** à la **révolution numérique**

Dans le transport maritime, depuis les années 1950, trois innovations majeures ont eu lieu : la spécialisation des navires (pétroliers, chimiquiers, céréaliers), leur gigantisme croissant et la mise au point du conteneur, caisse de dimension standard passant d'un navire à un wagon, un avion ou un camion. Dans le transport aérien, les avions transportent toujours plus de passagers entre les *hubs*. Les progrès dans les télécommunications (téléphonie mobile, Internet) et leurs réseaux (câbles transocéaniques, liaisons satellitaires) ont permis d'accélérer les échanges de capitaux et d'informations, participant à la **révolution numérique**.

La **révolution des transports** a d'importantes conséquences sur l'environnement. Les transports maritimes, aériens et terrestres consomment beaucoup de carburants. Ils rejettent dans l'atmosphère de nombreuses particules et du dioxyde de carbone, ce qui renforce la pollution de l'air et favorise le réchauffement climatique.

NOTION / VOCABULAIRE

▸ **Conteneurisation :** processus de développement du transport de marchandises par conteneurs.

▸ **Façade maritime :** espace littoral se caractérisant par des activités portuaires et industrielles importantes.

▸ **Révolution numérique :** ensemble des progrès technologiques réalisés dans les télécommunications et leurs réseaux, qui ont un impact sur la vie quotidienne des individus et des entreprises.

JE RETIENS LE COURS

1 Citez les trois types de transport qui sont au cœur de la mondialisation.

_____

_____

2 Indiquez quelle a été la principale innovation dans le transport maritime.

_____

➔ Voir **Je comprends le cours** p. 81.

1 Comment s'organisent les échanges mondiaux ?

Doc. 1 Les 10 premiers ports mondiaux de conteneurs en 2017

Rang en 2017	Port	Pays	Conteneurs (en millions)
1	Shanghai	Chine	36,6
2	Singapour	Singapour	30,9
3	Shenzhen	Chine	24,2
4	Ningbo	Chine	20,6
5	Hong Kong	Chine	20,1
6	Busan	Corée du Sud	19,5
7	Canton	Chine	17,6
8	Qingdao	Chine	17,4
9	Dubaï	Émirats arabes unis	15,6
10	Tianjin	Chine	14,1

1 Citez les pays où sont situés les 10 premiers ports mondiaux de conteneurs.

....

....

....

....

2 Indiquez dans quelle région du monde ils sont majoritairement localisés.

....

Doc. 2 L'évolution des échanges de produits dans le monde depuis 1950

Part dans le total des marchandises en 2016 (en %)
10 000
5 000
2 500
1 000
500
250
100
Produits industriels
70%
Combustibles
15%
10%
Produits agricoles
1950
1960
1970
1980
1990
2000
2009
2012
2016
Source : OMC, 2016.

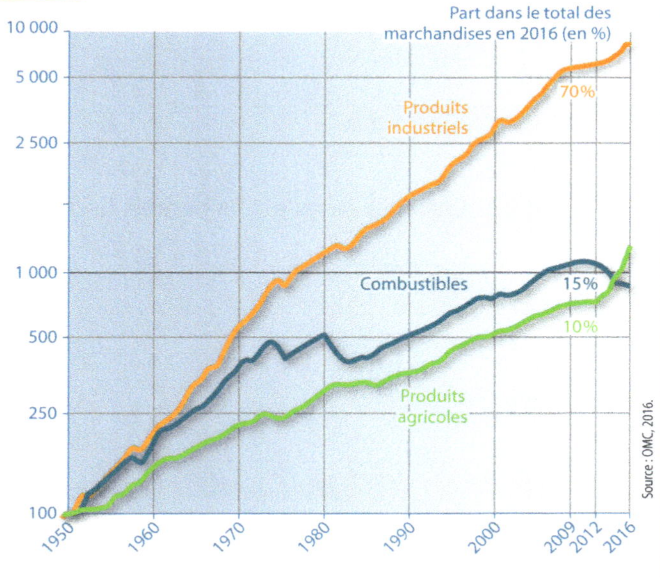

3 Décrivez l'évolution des échanges de produits dans le monde depuis 1950.

....

....

....

....

4 Citez le type de produits dont la part a le plus augmenté.

....

Doc. 3 La planète financière

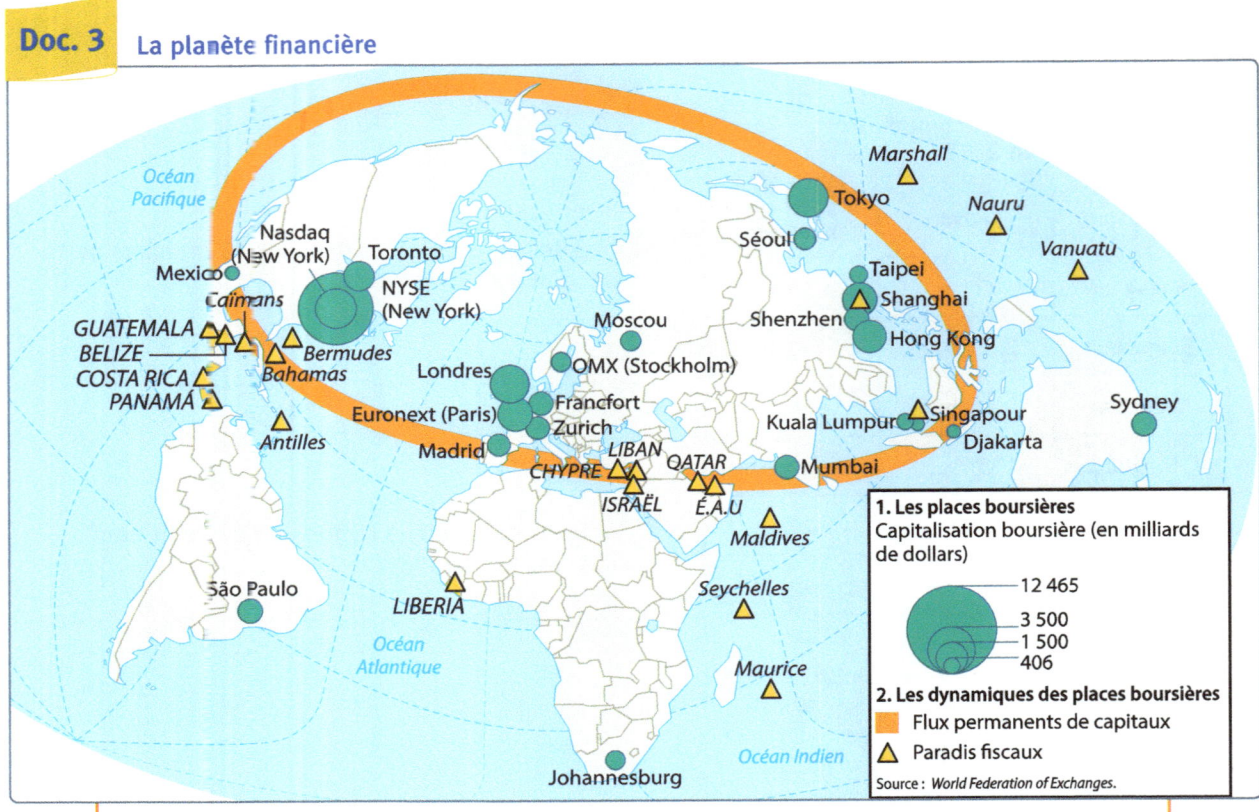

1. **Les places boursières**
Capitalisation boursière (en milliards de dollars)

12 465
3 500
1 500
406

2. **Les dynamiques des places boursières**
Flux permanents de capitaux
△ Paradis fiscaux

Source : *World Federation of Exchanges.*

5 Citez les 3 continents où se situent les principales places boursières.

....

....

....

6 Citez des territoires qui sont en marge de cette dynamique.

....

....

....

7 Cherchez ce qu'est un paradis fiscal.

....

....

....

....

....

(2) Comment la révolution des transports facilite-t-elle la mondialisation des échanges ?

Doc. 1 Les grandes routes maritimes mondiales

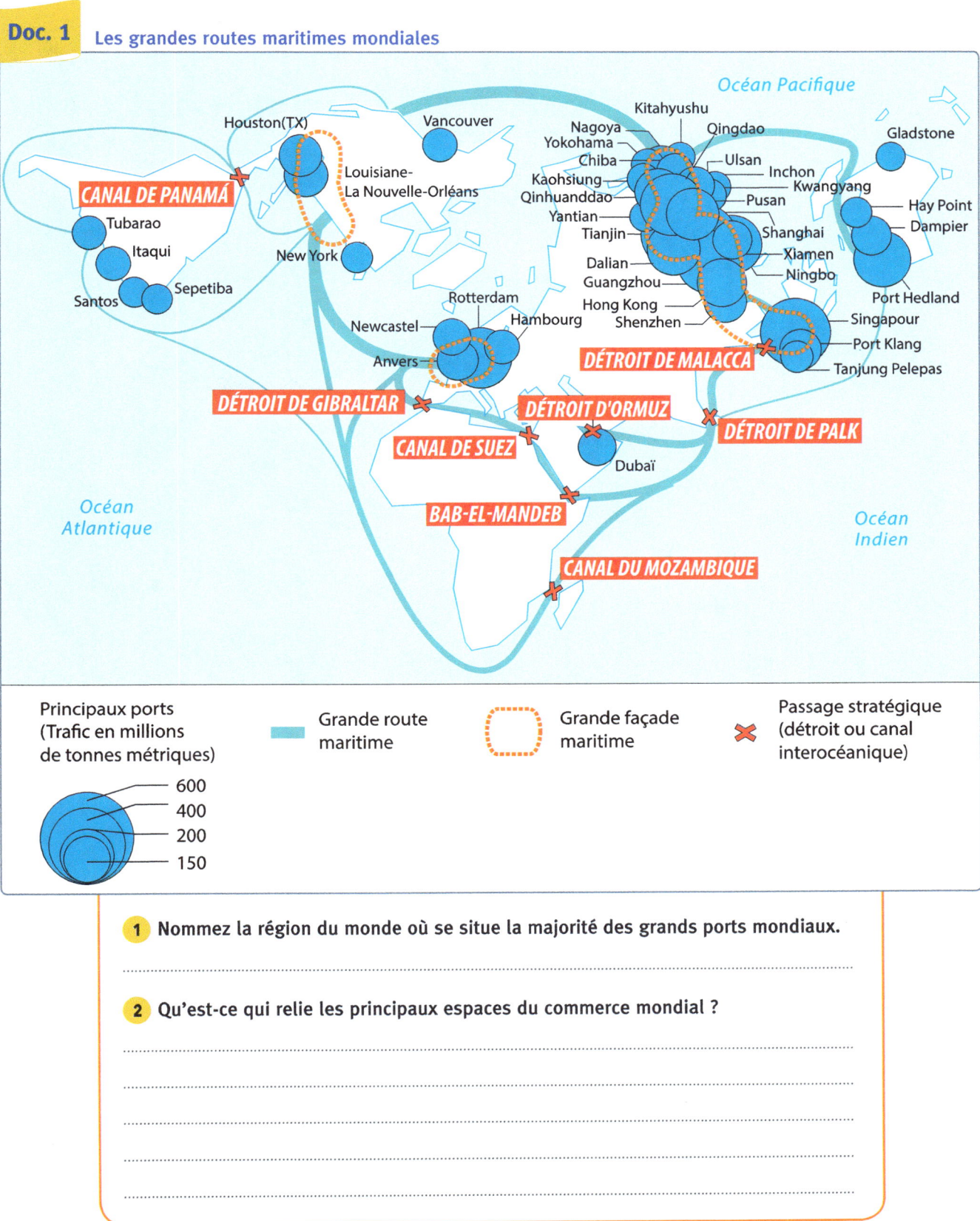

Principaux ports (Trafic en millions de tonnes métriques)
- 600
- 400
- 200
- 150

Grande route maritime

Grande façade maritime

Passage stratégique (détroit ou canal interocéanique)

1 Nommez la région du monde où se situe la majorité des grands ports mondiaux.

....

2 Qu'est-ce qui relie les principaux espaces du commerce mondial ?

....

....

....

....

Doc. 2 Vue aérienne de la zone industrialo-portuaire (ZIP) de Rotterdam (Pays-Bas)

▲ Rotterdam est la première zone industrialo-portuaire (ZIP) d'Europe.

3 Décrivez les activités visibles sur cette photographie.

....

....

....

....

....

4 Décrivez les différents modes de transport visibles dans ce paysage.

....

....

....

....

....

1 Quels sont les lieux de passage stratégiques des réseaux de transport ?

Nommer et situer les lieux de passage stratégiques des flux de marchandises terrestres, maritimes et aériens

Les routes maritimes empruntent des points de passage stratégiques (détroits, canaux) où les moyens de transport sont ralentis et peuvent connaître des difficultés (risque de piraterie). Mais ces lieux offrent également des opportunités économiques pour les entreprises.

DÉMARCHE

TRAVAIL INDIVIDUEL

TRAVAIL ORAL

ÉTAPE 1

Répondez aux questions se rapportant aux documents 1 à 3 p. 83 et 84.

ÉTAPE 2

Faites une recherche sur la manière dont l'Union européenne lutte contre la piraterie. Pour cela, rendez-vous sur le site officiel de la force navale européenne de lutte : https://eunavfor.eu/
Présentez devant la classe le résultat de votre recherche.

NE PAS CONFONDRE

Détroit : bras de mer entre deux terres rapprochées et qui fait communiquer deux mers.

Canal : passage artificiel construit pour faire communiquer deux mers.

VOCABULAIRE

▸ **PIB :** le produit intérieur brut mesure la production économique annuelle réalisée à l'intérieur d'un pays.

Doc. 1 L'évolution du PIB de Singapour (1990-2017)

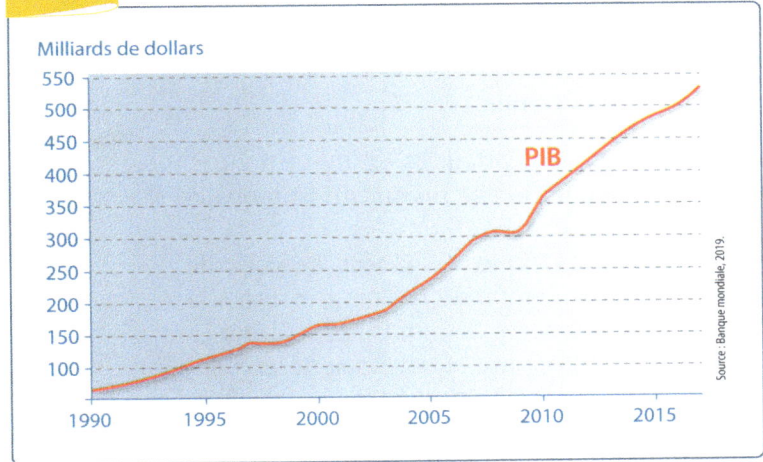

Source : Banque mondiale, 2019.

1 Sur la carte p. 84, entourez Singapour et la zone stratégique à côté de laquelle il se trouve.

2 Décrivez l'évolution du PIB de Singapour depuis 1990.

....

....

3 Montrez que la situation géographique de Singapour favorise son insertion dans le commerce maritime mondial.

....

....

Doc. 2 Un transport maritime sous tension

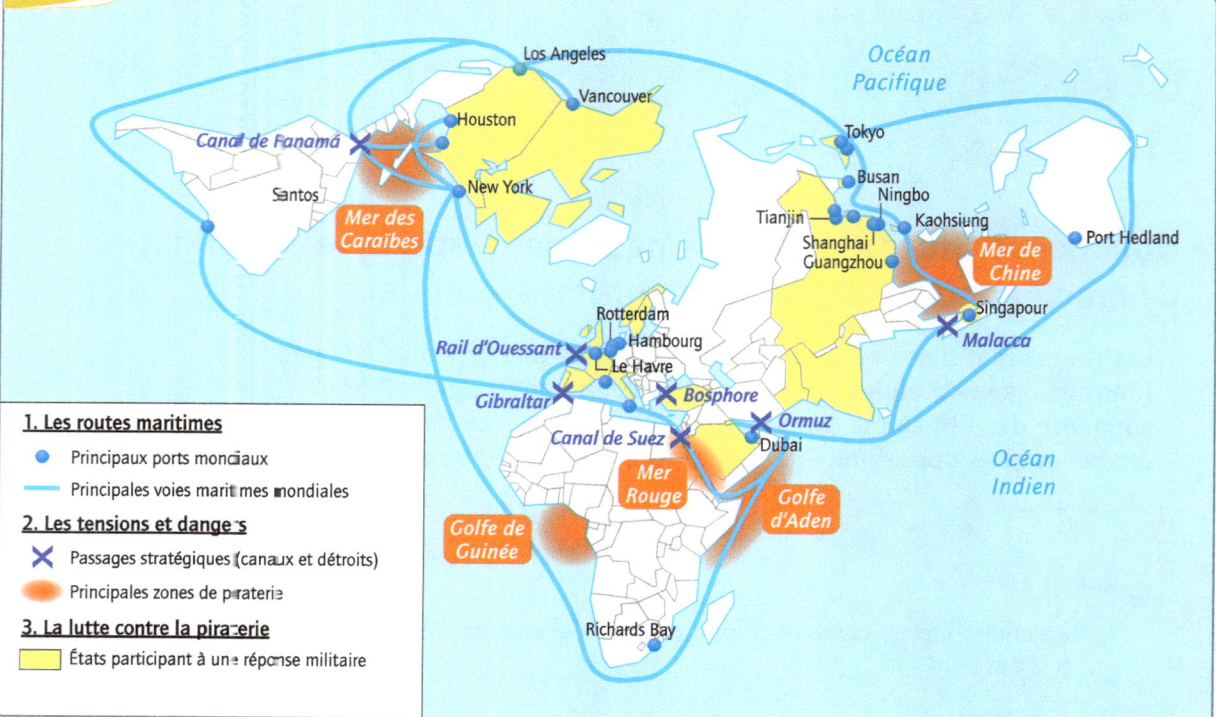

1. Les routes maritimes
- Principaux ports mondiaux
- Principales voies maritimes mondiales

2. Les tensions et dangers
- ✕ Passages stratégiques (canaux et détroits)
- Principales zones de piraterie

3. La lutte contre la piraterie
- États participant à une réponse militaire

4 À l'aide de la légende, citez les deux types de passages maritimes stratégiques.

....

5 Citez le problème de ces passages stratégiques selon la carte.

....

6 Indiquez sur la carte le nom de 3 États luttant contre la piraterie.

Doc. 3 La piraterie, une menace sur les transports maritimes

Le Bureau maritime international a recensé 201 attaques en mer en 2018, contre 180 l'année précédente. Cette augmentation se manifeste principalement dans le golfe de Guinée.

La piraterie maritime prospère au large de l'Afrique de l'Ouest. Le golfe de
5 Guinée, zone maritime bordant le littoral qui s'étend de la Côte d'Ivoire à la République démocratique du Congo, a vu les actes de banditisme se multiplier dans ses eaux. [...] Vraquiers, porte-conteneurs et cargos sont les nouvelles proies, en plus des attaques habituelles perpétrées contre les pétroliers et les navires de pêches. [...]
10 Des actions efficaces qui portent leur fruit dans une autre région dangereuse : le golfe d'Aden. Contrôlé par de nombreuses marines occidentales, comme la France et les États-Unis qui ont des bases à Djibouti, aucun navire n'y a été détourné en 2018. Il y a 10 ans, l'Union européenne lançait l'opération Atalante pour lutter contre la piraterie au large de la Somalie, dans la corne de l'Afrique. [...]
15 Une autre partie du globe est sujette aux attaques en mer : l'Asie du Sud-Est. Malgré une baisse constante des incidents en Indonésie, la marine locale demeure vigilante. [...] La région reste un enjeu primordial de la sécurité maritime notamment dans le détroit de Malacca, passage important du commerce international.

Emma Savreux, « La piraterie en mer a progressé en 2018 », *Le Figaro*, 17 janvier 2019.

7 Précisez quelles sont les principales régions de piraterie dans le monde.

....

....

....

....

....

8 Soulignez les acteurs de la piraterie indiqués par le texte.

2 Que sont les flux matériels et immatériels ?

Reconnaître et distinguer flux matériels et immatériels

La mondialisation se fonde sur des échanges de différentes natures ; certains sont des flux matériels, d'autres des flux immatériels. Les lieux de réception de ces échanges sont différents et nécessitent des aménagements variés.

DÉMARCHE

 **TRAVAIL INDIVIDUEL**

ÉTAPE 1

Répondez aux questions se rapportant aux documents 1 et 2.

ÉTAPE 2

Rédigez un paragraphe expliquant les différences entre les flux matériels et immatériels.

····⟩ Faites votre travail sur une feuille séparée.

VOCABULAIRE

On distingue les **flux matériels**, c'est-à-dire les flux de marchandises ou de matières premières, des **flux immatériels**, c'est-à-dire les flux de services, de capitaux et d'informations.

Doc. 1 Le transport du café depuis une ferme en Colombie

1 Décrivez la photographie.

....

....

....

2 Expliquez en quoi le transport du café est un flux matériel.

....

3 Que signifie « internaute » ?

....

....

4 Citez les régions du monde où la part d'internautes est élevée.

....

....

....

5 Précisez quels types de flux sont favorisés par Internet.

....

....

Internet dans le monde **Doc. 2**

1. **Part des internautes dans la population**, en %.
0,1   10   25   35   50   90 %   Pas de données

2. **Nombre de serveurs**, en milliers.
1,5   3   10   25

3. **Importance du débit**, en % du total mondial.
9 %

Source : Nathan, 2016.

3 Comment s'organise un réseau de transport ?

Identifier le réseau des transports sur une image satellitaire

Les flux de marchandises suivent des routes empruntées par les réseaux de transport. Ces routes peuvent être terrestres, aériennes ou maritimes ; elles relient des lieux stratégiques de la mondialisation.

DÉMARCHE

Après avoir répondu aux questions, complétez le schéma (document 2).

Doc. 1 Image satellitaire du trafic maritime mondial (NASA, 2016)

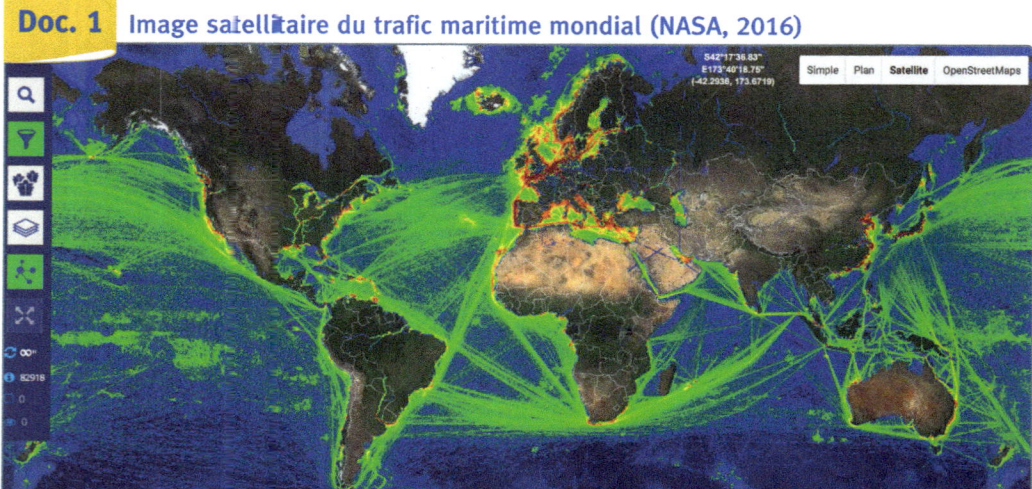

⚠ L'espace maritime mondial est parcouru par de nombreuses routes maritimes (ici, en vert). Les façades maritimes concentrent les principaux ports, qui apparaissent en jaune et en rouge.

1 Quelles directions prennent les routes maritimes qui partent d'Europe ? d'Amérique du Nord ?

....

....

2 Précisez quels océans ou parties d'océan sont les plus parcourus.

....

....

Doc. 2 Schéma du trafic maritime mondial

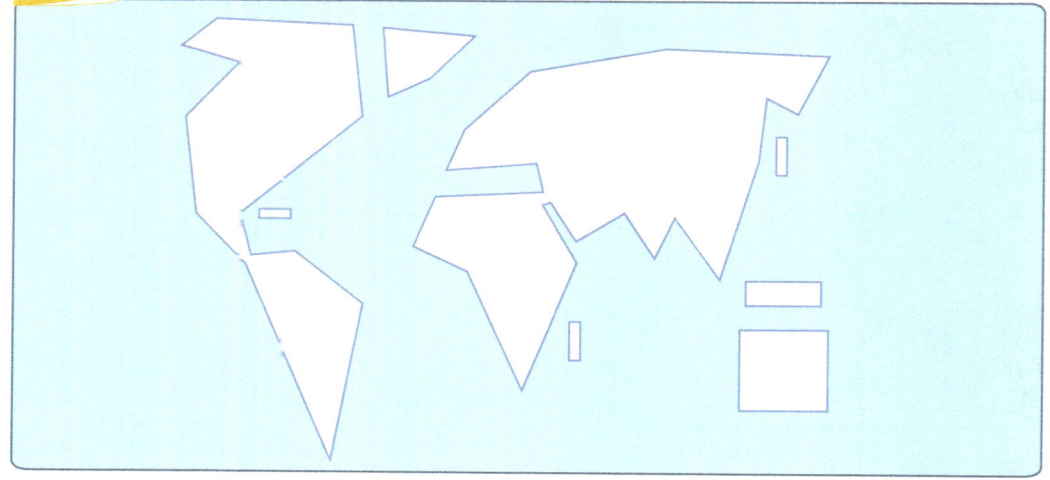

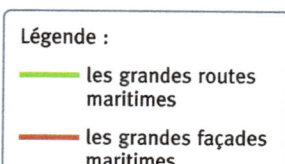

Légende :
— les grandes routes maritimes
— les grandes façades maritimes

4 Quelles sont les étapes du trajet d'un téléphone portable dans la mondialisation ?

Reconstituer le trajet d'un téléphone portable

> Près de 6,5 milliards de téléphones portables équipent la population mondiale, qui atteint les 7,3 milliards d'habitants en 2018. Le téléphone portable est un produit mondialisé qui parcourt des milliers de kilomètres entre ses lieux de conception, de fabrication et de consommation.

DÉMARCHE

ÉTAPE 1

À l'aide des documents de la page 88, listez les lieux de conception, de fabrication, d'assemblage et de vente en magasin de l'iPhone.

ÉTAPE 2

– Complétez le schéma ci-dessous reconstituant le trajet d'un iPhone, de sa conception à son arrivée dans les mains de son utilisateur.
Pour vous aider, utilisez les mots et expressions suivants :
Allemagne – voie maritime – Apple Store – Corée du Sud – entrepôts – Cupertino (États-Unis) – camions – en ligne.
– Entourez en rouge les cases correspondant aux transports de marchandises. Repassez en vert les flèches représentant des flux immatériels et en rouge celles représentant des flux matériels.

Conception de l'iPhone
Lieu : ....

Fabrication de l'appareil photo
Lieu : ....

Fabrication du module de communication
Lieu : ....

Fabrication de l'écran, des processeurs et cartes mémoire
Lieu : ....

Assemblage de l'iPhone
Lieu : ....

Transport par ....

Stockage dans des ....

Vente en magasin : ....

Vente ....

Transport par ....

Consommateur

Doc. 1 L'iPhone d'Apple : les lieux de la fabrication à la commercialisation

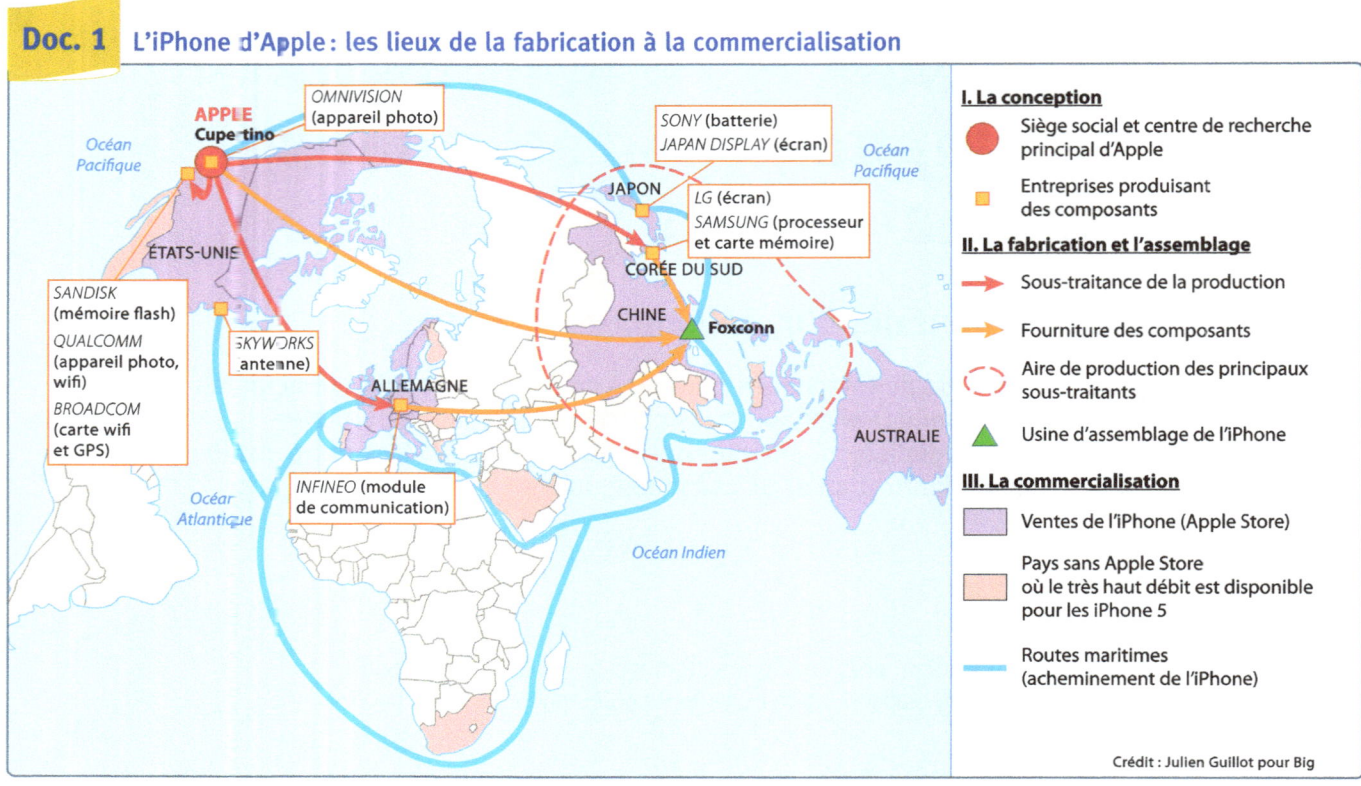

I. La conception
- Siège social et centre de recherche principal d'Apple
- Entreprises produisant des composants

II. La fabrication et l'assemblage
- Sous-traitance de la production
- Fourniture des composants
- Aire de production des principaux sous-traitants
- Usine d'assemblage de l'iPhone

III. La commercialisation
- Ventes de l'iPhone (Apple Store)
- Pays sans Apple Store où le très haut débit est disponible pour les iPhone 5
- Routes maritimes (acheminement de l'iPhone)

Crédit : Julien Guillot pour Big

Doc. 2 Travailleurs de l'usine Foxconn à Shenzhen (Chine)

Les fabricants de téléphones mobiles (Nokia, Apple, Sony, etc.) sous-traitent une grande partie de leurs activités d'assemblage à Foxconn, une entreprise taïwanaise. Celle-ci est principalement implantée en Chine, et notamment à Shenzhen.

Doc. 3 L'entrepôt d'Amazon à Saran en France (2018)

Doc. 4 La montée en puissance du e-commerce en France

Les ventes sur Internet ont encore grimpé de 14,4 % au cours du second trimestre 2018, [...] pour totaliser 22 milliards d'euros, selon les chiffres publiés par la Fédération du e-commerce et de la vente à distance (Fevad). La performance du secteur s'explique encore une fois par une
5 forte hausse de la fréquence d'achat (+ 21 % par rapport à la même période de 2017) liée à l'essor du nombre de sites (+ 20 000 sites en un an) et d'acheteurs (+ 448 000). La dynamique du e-commerce est en outre tirée par le développement des achats sur *smartphone* (+ 25 %). [...] Dans le même temps, la baisse continue des frais de port ou les offres
10 d'abonnements annuels — qui permettent des livraisons gratuites quel que soit le montant d'achat — contribuent à banaliser l'achat en ligne.

Pascale Denis, *Capital*, 10 septembre 2018.

Je vérifie mes connaissances

A **Reliez chaque terme à sa définition.**

a. Plate-forme multimodale

b. Révolution des transports

c. Révolution numérique

1. Ensemble des progrès technologiques réalisés dans les télécommunications et leurs réseaux qui ont un impact sur la vie quotidienne des individus et des entreprises.

2. Lieu qui assure l'interconnexion entre différents réseaux de transport.

3. Ensemble des progrès techniques et technologiques réalisés dans les moyens de transport pour augmenter leur vitesse et leur capacité.

B **Complétez le croquis.**

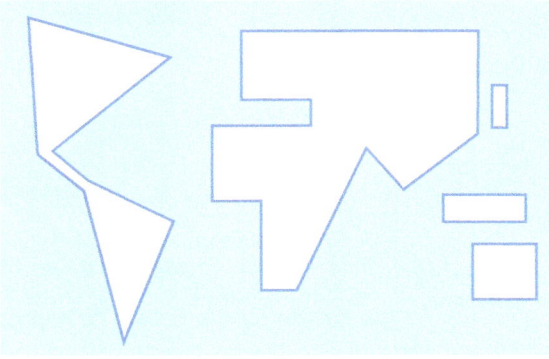

Placez :

– l'océan Atlantique, l'océan Pacifique, l'océan Indien ;

– les 2 canaux transocéaniques ;

– le détroit de Malacca.

C **Entourez la bonne réponse.**

Les flux maritimes sont : **1.** des flux matériels **2.** des flux immatériels

J'écris pour retenir

Recopiez et complétez le texte.

Les échanges internationaux de marchandises, d'informations et de services ont explosé grâce à la .... des transports. Ces avancées techniques et technologiques ont permis d'augmenter la rapidité des flux .... et des flux ...., et d'interconnecter les transports grâce aux plates-formes ....

Le transport maritime est le plus important pour les échanges de .... La spécialisation des navires et leur gigantisme ont fait diminuer les coûts de ce transport. Les .... maritimes relient de grands .... mondiaux.

Je suis capable de...

CAPACITÉS	OUI	NON
Je sais nommer et situer les lieux de passage stratégiques des flux de marchandises.		
Je sais reconnaître et distinguer flux matériels et flux immatériels.		
Je sais identifier le réseau des transports sur une image satellitaire.		
Je sais reconstituer le trajet d'un téléphone portable.		

Je m'entraîne

Doc. 1 Le réseau mondial de la CMA CGM

OCÉAN PACIFIQUE
OCÉAN PACIFIQUE
Côte Ouest de l'Amérique du Nord
Côte Est de l'Amérique du Nord
Kingston
Canal de Panamá
Europe
Le Havre
Asie de l'Est
Khor Fakkan
Port Kelang
Malte
Canal de Suez
Moyen-Orient
Détroit de Malacca
FAL
FAL
OCÉAN ATLANTIQUE
OCÉAN INDIEN

Principale ligne régulière
Autre ligne régulière
Passage transocéanique
Port pivot (hub)
Autre grand port desservi
Principale région desservie
Marseille : siège social de la CMA CGM

▷ La CMA CGM, entreprise française basée à Marseille, est la 3e compagnie maritime mondiale transportant des marchandises dans le monde entier.
D'après le site Internet de la compagnie CMA CGM.

Questions	Réponses
1. Présentez le document Présentez sa nature (texte ? carte ? photographie ? etc.), son auteur, sa date de réalisation l'espace concerné (où ?), le thème abordé.	Ce document est une carte non datée réalisée à partir des données de la compagnie maritime CMA CGM. Elle présente les principaux ports et routes maritimes utilisés par les navires de commerce de cette compagnie.
2. Décrivez le trajet des navires de la compagnie visible sur cette carte. Indiquez le siège de la compagnie (où les décisions sont-elles prises ?), les principales étapes du trajet des navires (ports, routes suivies), les régions desservies.	La carte montre que la compagnie maritime suit des routes maritimes spécifiques qui sont les lignes régulières de desserte de ses navires. Ces lignes relient quelques grands ports situés sur les façades de l'Asie de l'Est, du golfe Persique, de l'Europe et de la côte Est de l'Amérique du Nord. Les marchandises y sont chargées ou déchargées.
3. En quoi cette carte montre-t-elle un réseau de transport ? Définissez ce qu'est un réseau de transport, précisez quel type de flux est représenté sur la carte.	Le document présente ainsi une compagnie maritime appartenant au réseau du transport maritime, c'est-à-dire un ensemble de lignes (les routes maritimes) et de points (les ports et les lieux stratégiques) par lesquels passent des flux. Ces flux sont des flux matériels de marchandises.

J'applique

Doc. 2 FedEx, entreprise de fret aérien

FedEx est une entreprise ▷ états-unienne spécialisée dans le fret (transport de marchandises) aérien international.

1. Présentez le document.

2. Décrivez le réseau aérien de la compagnie FedEx.

3. En quoi cette carte montre-t-elle un réseau de transport ?

···▷ Faites votre travail sur une feuille séparée.

Anchorage
Paris
Stockholm
Londres
Istanbul
San Francisco
New York
Madrid
Pékin
Tokyo
Memphis
Tel-Aviv
Canton
Bangkok
Honolulu
Miami
Dubaï
Manille
Los Angeles
Bombay
Singapour
Mexico
Jakarta
Bogota
Océan Pacifique
Océan Atlantique
Océan Indien
Rio de Janeiro
Santiago
Buenos Aires
Sydney
N
3 000 km

Source : Atlas des mondialisations, hors-série La Vie / Le Monde, 2010-2011, mise à jour 2019.

Fret aérien de FedEx à partir du hub de Memphis (États-Unis)

— Vers l'Amérique latine
— Vers le Canada
— Vers l'Asie et l'Océanie
— Vers l'Europe et l'Asie
● Hubs régionaux

2 Les mobilités croissantes des individus

INTRODUCTION

Pour faire du tourisme, poursuivre des études, chercher du travail et une meilleure vie ou bien pour fuir des zones de conflit, les individus se déplacent de plus en plus dans le monde. Ces mobilités s'effectuent à différentes échelles : locale, régionale, nationale ou internationale. Elles sont facilitées par l'amélioration des transports et ont de multiples conséquences sur les territoires et leurs habitants.

PROBLÉMATIQUE

▸ Quels sont les principaux types de mobilités et leurs conséquences ? **COURS** ›

DES CLÉS POUR COMPRENDRE

◖ Les mobilités : de quoi s'agit-il ?

➡ On appelle *mobilité* le déplacement d'un individu d'un lieu à un autre, pour des motifs divers.

➡ La mobilité peut être **temporaire** ou au contraire de **longue durée**, auquel cas on parle de *migration*. Si le tourisme est une mobilité temporaire, la migration implique un changement de lieu de résidence.

➡ Les mobilités peuvent s'effectuer à **différentes échelles** : dans les cas les plus fréquents, elles se font à l'échelle locale ou régionale, on parle alors de mobilités de proximité. Faire ses courses, aller travailler ou aller à l'école sont des mobilités du quotidien.

➡ Une faible part des mobilités a lieu à l'échelle nationale ou internationale.

Doc. **Des migrations internationales toujours plus nombreuses**

Ce camion transporte des marchandises et des migrants du nord du Niger à la Libye ▲
à travers le désert du Sahara en 2018. De là, beaucoup de migrants tenteront de traverser
la Méditerranée pour regagner l'Europe, où ils espèrent trouver une vie meilleure.

QUESTIONS

Décrivez les conditions de déplacement de ces migrants.

....

....

....

....

....

Deux types de mobilités internationales : les migrations et le tourisme

Doc. 1 Les espaces et les flux migratoires internationaux

ÉTATS-UNIS CANADA

OCÉAN PACIFIQUE

Îles du Pacifique

MEXIQUE, AMÉRIQUE CENTRALE

OCÉAN PACIFIQUE

AMÉRIQUE ANDINE

AUSTRALIE

JAPON

PHILIPPINES

ASIE DU SUD-EST

BRUNEI

INDONÉSIE

RUSSIE

CHINE

VIETNAM

SINGAPOUR

EUROPE OCCIDENTALE

THAÏLANDE

PAYS-BAS

KAZAKHSTAN

OCÉAN ATLANTIQUE

ASIE CENTRALE

BANGLADESH

MAGHREB

INDE

PAKISTAN

AFRIQUE OCCIDENTALE

MALDIVES

GOLFE PERSIQUE

OCÉAN INDIEN

NIGERIA

GABON

AFRIQUE DU SUD

Les espaces migratoires

- ⬭ Principales régions d'arrivée
- ○ Autres pays d'arrivée
- ⬭ Principales régions de départ

Les flux migratoires

- → Flux migratoires majeurs
- ↻ Grandes zones de mobilité interne liée au travail
- ▢ Pays à immigration forte (3 à 15 % de la population totale)
- ▢ Pays à immigration massive (plus de 15 % de la population totale)
- ◆ Pays les plus touchés par l'émigration climatique
- ◆ Pays les plus touchés par la montée des eaux

2 000 km
Échelle à l'Équateur

Sources : Ined, 2013 : *L'Express* du 01/11/2015 ; climatecentral.org, 2015.

1 Citez trois grandes régions de départ des migrants.

....

....

....

2 Citez trois grandes régions d'arrivée des migrants.

....

....

....

3 Cherchez dans la légende deux raisons à ces migrations.

....

....

NE PAS CONFONDRE

Émigré et immigré, migrant et migration

L'émigré est celui qui quitte son pays, l'immigré celui qui est installé – provisoirement ou définitivement – dans un pays d'accueil ; immigré et émigré sont tous deux des migrants. Les flux de migrants constituent des migrations.

Doc. 2 Les espaces et les flux du tourisme international

Les foyers émetteurs

RÉGION % Foyers principaux

◯ Foyers secondaires

➤ Flux touristiques majeurs

→ Flux touristiques secondaires

Les destinations

Les 3 principales régions d'accueil

◆ Les 10 sites les plus visités au monde

Les 10 États les plus visités au monde

Autres destinations importantes

PAYS Pays à forte tradition touristique, mais dont la fréquentation est en forte baisse

Source : UNWTO.org, 2015

NOTION

▸ **Tourisme :** activité économique fondée sur le déplacement des individus pour des motifs de repos ou de détente et impliquant des pratiques spécifiques (transport, hébergement, restauration, loisirs).

4 Citez les trois principaux foyers de départ des touristes.

....

....

....

5 Citez les trois principales régions d'arrivée des touristes.

....

....

....

6 Dans quels pays se situent les lieux les plus visités au monde ?

....

....

....

....

Quels sont les principaux types de mobilités et leurs conséquences ?

COURS

1 Les migrations économiques, politiques ou environnementales

Les migrations se font pour des raisons économiques, politiques ou environnementales. Les migrants économiques, près de 150 millions de travailleurs, sont à la recherche d'une vie meilleure. Ils représentent 75 % des migrants. Par ailleurs, près de 5 millions d'étudiants qui partent à l'étranger pour faire leurs études. **Doc.1 p. 96** Les migrants politiques et réfugiés sont des personnes qui fuient des zones de conflit. On compte ainsi 25,4 millions de réfugiés et 3 millions de demandeurs d'asile dans 154 pays. Selon l'ONU, 500 millions de personnes pourraient être forcées de migrer d'ici à 2050 pour des raisons climatiques : la hausse du niveau des mers et la désertification en sont les causes principales.

2 Le tourisme

Avec près de 1,3 milliard de touristes internationaux par an, les flux touristiques sont la mobilité la plus massive. Le tourisme a surtout pour but la détente, mais il peut aussi être lié à la culture, à une visite familiale, à un pèlerinage ou à la recherche de certains soins. Les principaux foyers émetteurs de touristes sont les continents américain et européen, et l'Asie-Pacifique. Les trois principales régions d'accueil, les bassins touristiques, sont l'Amérique du Nord, l'Europe et l'Asie de l'Est. Les grandes villes, les littoraux et les montagnes sont les espaces touristiques les plus recherchés. **Doc.2 p. 96** L'essor du tourisme est lié à de nouvelles formes de transport qui ont permis de baisser les coûts, comme les vols ou les trains *low cost* (à faible prix). Grâce à de telles évolutions techniques et commerciales, le nombre de touristes internationaux est passé de 940 millions en 2010 à 1 300 millions en 2018.

3 Des conséquences diverses sur les territoires

Dans les espaces d'arrivée, les migrants représentent une main-d'œuvre utile. Ils permettent aussi de rajeunir la population (la plupart des migrants sont jeunes) et ils enrichissent de leur culture les pays d'arrivée. **Doc.3 p.96** Dans les espaces de départ, les remises des migrants servent à améliorer les logements, à financer des études ou des dépenses de santé, à investir dans de petits commerces et à améliorer le quotidien des familles. Mais tous les jeunes partis ainsi manquent comme main-d'œuvre dans leur pays d'origine.

Le tourisme favorise le développement économique et l'emploi. Il permet l'ouverture à d'autres cultures et le maintien des jeunes actifs dans leurs régions d'origine. Mais dans les espaces où les touristes sont très nombreux, des conflits peuvent apparaître entre eux et les habitants pour le partage des ressources (eau) ou bien concernant les nuisances (bruit, pollution, etc.).

VOCABULAIRE

▸ **Bassin touristique :** région offrant de nombreux équipements et aménagements touristiques, dans laquelle les touristes sont présents en très grand nombre.

▸ **Demandeur d'asile :** personne réfugiée qui a demandé asile (protection) dans le pays qui l'accueille.

▸ **Migrant :** personne qui a changé de pays pour des motifs variés depuis plus d'un an.

▸ **Réfugié :** individu qui a quitté son pays pour fuir un danger (guerre, guerre civile, rébellion, etc.).

▸ **Remises :** sommes d'argent envoyées par les migrants à leurs proches restés au pays.

▸ **Tourisme :** activité économique fondée sur le déplacement des individus pour des motifs de repos ou de détente impliquant des pratiques spécifiques (transport, hébergement, restauration, loisirs).

JE RETIENS   LE COURS

1 Indiquez le nombre de touristes internationaux.

....

2 Citez les trois principaux bassins touristiques mondiaux.

....

3 Donnez trois conséquences des migrations.

....

➜ Voir Je comprends le cours p. 96.

Doc. 1 — La mobilité des étudiants

NEW EXPERIENCES,
NEW IDEAS,
NEW ADVENTURES,
NEW ZEALAND.

You'll see the world through fresh eyes and learn in new ways.

studyinnewzealand.com — ThinkNew

◄ Publicité pour attirer des étudiants étrangers en Nouvelle-Zélande, 2015. De nombreux pays rivalisent pour faire venir des étudiants. En 2018, près de 4,8 millions d'étudiants étaient présents dans un pays étranger.

1 Décrivez cette image publicitaire. Quels arguments sont mis en avant pour attirer les étudiants ?

....
....
....
....
....
....

Doc. 2 — Plage de Maho Beach, sur l'île de Saint-Martin (Antilles)

L'île de Saint-Martin, dans les Antilles, attire ▲ de nombreux touristes : plus de 2,5 millions par an pour une population locale de 75 000 habitants.

2 Listez les attraits touristiques de Saint-Martin visibles sur la photographie.

....
....
....
....
....
....

Doc. 3 — Le Nouvel An chinois à Paris

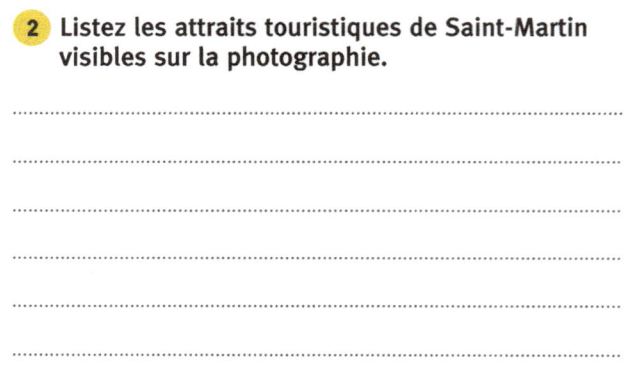

3 Décrivez la photographie et en particulier les éléments relatifs à la culture chinoise.

....
....
....
....
....
....

Photographie prise à Paris en février 2019 ▲ à l'occasion du Nouvel An chinois.

1 Quelles sont les mobilités quotidiennes dans un territoire de proximité ?

Raconter à l'écrit ou à l'oral la mobilité au quotidien d'un habitant d'un territoire de proximité

Tous les jours, les Français se déplacent, pour aller au travail ou sur leur lieu de stage, pour faire leurs courses, rendre visite à leur famille ou à des amis, etc. Ces déplacements se font en général sur de courtes distances et par des moyens de transport spécifiques (à pied, en bus, métro, tram, etc.).

DÉMARCHE

 **TRAVAIL INDIVIDUEL**

ÉTAPE 1

À l'aide des documents 1 et 4 p. 98, repérez les causes des déplacements des habitants au quotidien.
À l'aide des documents 2 à 4, indiquez les différents types de transport utilisés pour la vie quotidienne.

ÉTAPE 2

À l'aide des documents, rédigez un paragraphe expliquant les mobilités quotidiennes dans l'agglomération de Marseille, en précisant les motifs de déplacement et les moyens de transport utilisés.

····➔ Faites votre travail sur une feuille séparée.

 **TRAVAIL COLLABORATIF**

ÉTAPE 3

La classe analyse les mobilités dans le territoire proche de l'établissement :
- un groupe cherche, sur Internet ou auprès de la société de transports en commun de la commune, le plan du réseau de transports en commun ;
- un groupe mesure les temps de trajet pour aller de l'établissement aux domiciles des personnes du groupe, des domiciles au supermarché, au cinéma (ou tout autre lieu de loisirs), aux lieux de stage ;
- à partir de ces données, chaque groupe prépare une synthèse orale présentant les motifs de déplacements quotidiens, les types de transport utilisés et les durées de déplacement.

◀ Vue d'une rue de Marseille, 2017.

Doc. 1 Les mobilités dans les territoires du quotidien

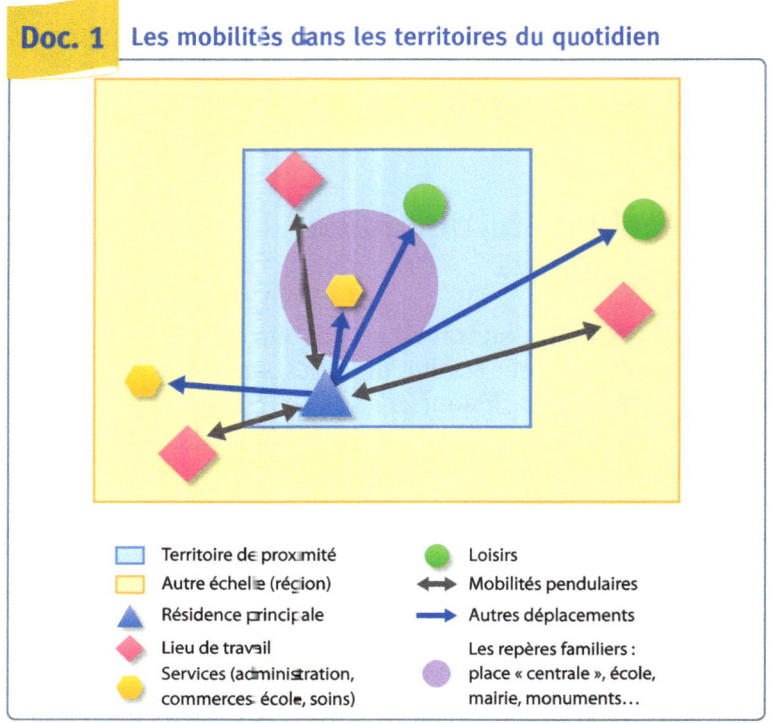

☐ Territoire de proximité
☐ Autre échelle (région)
▲ Résidence principale
◆ Lieu de travail
⬡ Services (administration, commerces, école, soins)
● Loisirs
⬌ Mobilités pendulaires
➡ Autres déplacements
⬤ Les repères familiers : place « centrale », école, mairie, monuments…

Doc. 2 La diversité des moyens de transport à Marseille (2015)

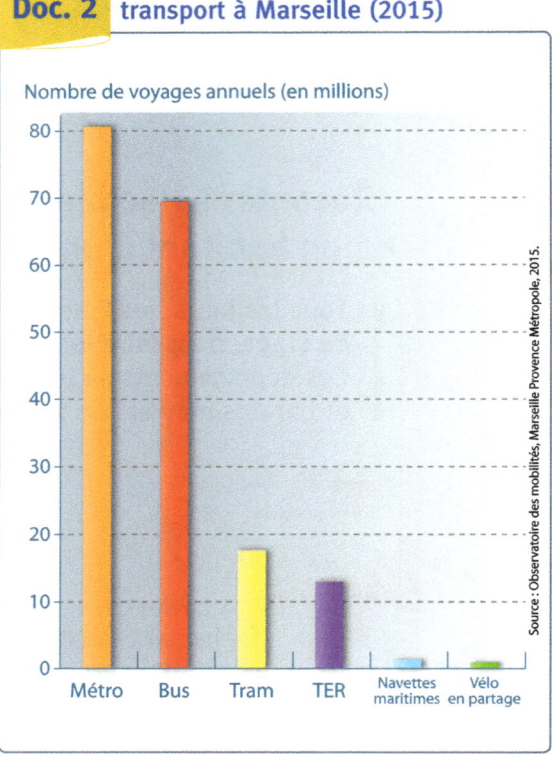

Nombre de voyages annuels (en millions)

Source : Observatoire des mobilités, Marseille Provence Métropole, 2015.

Doc. 3 Les transports collectifs dans l'agglomération de Marseille

Source : PDU marseillais, horizon 2015.

— Ligne de métro
— Ligne de tramway
— Réseau TER (Transport express régional)
— Ligne de bus
▨ Zone sans voiture
▪ Gare
■ Interconnexion
P Parking

Doc. 4 Les mobilités quotidiennes d'un territoire de proximité

Pendant des siècles, alors que la marche à pied était le mode dominant, les formes urbaines sont restées denses et compactes. À partir de 1850, les lignes
5 de tramway et de chemin de fer urbain ont permis une urbanisation linéaire […]. En étendant considérablement les espaces accessibles sans allonger les coûts et les temps de transport, la voi-
10 ture individuelle permet la diffusion des hommes et des activités. Elle contribue à la séparation et à la spécialisation des espaces : centres commerciaux et de loisirs, complexes de bureaux, entrepôts
15 logistiques, etc.
Les mobilités urbaines offrent désormais des expressions plurielles : les distances s'allongent, les destinations et les motifs de déplacement se diversifient.
20 Plus des trois quarts des salariés quittent leur commune de résidence pour aller travailler, la distance domicile-travail moyenne est d'environ 28 km.

Yves Colombel et Daniel Oster (dir.),
La France. Territoires et aménagement face à la mondialisation, Nathan, 2014.

2 Comment l'aéroport Roissy-Charles-de-Gaulle est-il aménagé ?

Compléter le croquis d'un aménagement

L'aéroport Roissy-Charles-de-Gaulle, implanté au nord de Paris, a été construit entre 1966 et 1974. Le trafic croissant a conduit à des extensions successives de l'aéroport, qui est aussi au cœur de flux routiers et ferroviaires, et constitue ainsi l'une des plus grandes plates-formes multimodales d'Europe.

DÉMARCHE

TRAVAIL INDIVIDUEL

ÉTAPE 1

Répondez aux questions sous les documents 2 et 3 p. 100.

ÉTAPE 2

Recopiez et complétez la légende du croquis de l'aéroport Charles-de-Gaulle (doc. 1) à l'aide des mots et expressions suivants : *pistes de l'aéroport – 1974 – autoroutes et routes – 1989-1993 – ligne à grande vitesse – gare TGV et RER.*

♦ NOTION

▸ **Plate-forme multimodale :** lieu qui assure l'interconnexion entre différents réseaux de transport.

Doc. 1 L'organisation de la plate-forme multimodale de Roissy

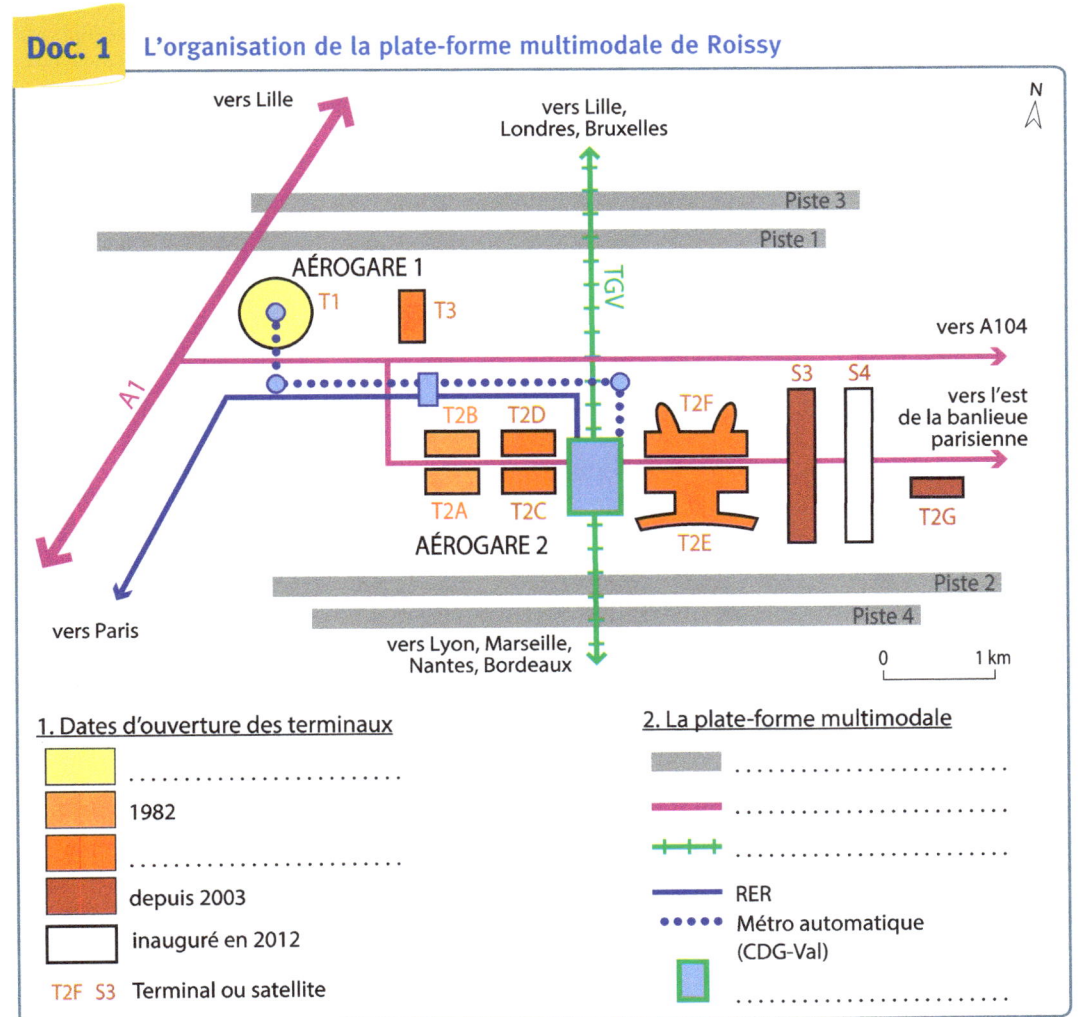

1. Dates d'ouverture des terminaux
- [jaune] . . . .
- [orange clair] 1982
- [orange] . . . .
- [brun] depuis 2003
- [blanc] inauguré en 2012
- T2F S3 Terminal ou satellite

2. La plate-forme multimodale
- [gris] . . . .
- [rose] . . . .
- [vert] . . . .
- [bleu] RER
- [pointillés bleus] Métro automatique (CDG-Val)
- [carré bleu] . . . .

Doc. 2 Un aéroport en constant développement

L'aéroport Paris-Charles-de-Gaulle a connu plusieurs phases d'extension. La dernière est le satellite 4 inauguré en 2012 **①**. Le satellite 3 **②** et le terminal 2G datent de 2003. Les terminaux 2C à 2F **③** et 3 ont été construits entre 1989 et 1993. Les pistes **④** sont localisées de part et d'autre des terminaux et satellites.

① Décrivez les aménagements, visibles sur la photographie, qui facilitent les mobilités.

Doc. 3 Améliorer les mobilités

La plate-forme de Paris-Charles-de-Gaulle est desservie par un réseau de transport routier et ferroviaire qui la rend accessible pour les passagers, les transporteurs de fret et le personnel des entreprises exerçant leur activité sur l'aéroport et qui la place à la pointe des pôles aéroportuaires
5　en termes d'intermodalité. L'aéroport est accessible grâce à la proximité d'autoroutes, une gare TGV au cœur du terminal 2, deux stations de RER et une gare routière au terminal 1 en zone Roissypole. Enfin, le système de transport automatique CDGVal relie les 3 terminaux de la plate-forme, les gares RER-TGV et les parcs de stationnement longue durée.
10　L'aéroport de Paris-Charles de Gaulle compte environ 28 600 places de parking dont environ 18 000 sont situées au contact direct des terminaux. Par ailleurs, dans le cadre du projet du « Nouveau Grand Paris » le Premier ministre a indiqué que le gouvernement souhaitait une mise en service de la ligne 17 entre Saint-Denis Pleyel et l'aéroport Paris
15　-Le Bourget à l'horizon 2024 et une prolongation jusqu'à l'aéroport Paris-Charles-de-Gaulle d'ici 2030. La plate-forme serait alors située à 35 minutes de La Défense et à 32 minutes de Saint-Lazare. La liaison ferroviaire CDG EXPRESS permettra de rejoindre directement Paris intra-muros en quinze à vingt minutes, la mise en service est prévue pour 2024.

« Paris-Charles-de-Gaulle, premier *hub* européen », parisaeroport.fr, 2019.

② Indiquez par quels moyens de transport les passagers peuvent accéder à l'aéroport Paris-Charles-de-Gaulle en 2019.

....

....

....

....

....

....

③ Soulignez les aménagements qui seront réalisés pour améliorer l'accès à l'aéroport Paris-Charles-de-Gaulle d'ici 2030.

3 Quel est le rôle des frontières dans les mobilités humaines ?

Décrire une situation géographique

> Les frontières sont de plus en plus ouvertes aux flux de marchandises et de capitaux, mais ont tendance à se fermer aux hommes, et notamment aux migrants.

DÉMARCHE

TRAVAIL INDIVIDUEL

ÉTAPE 1

Répondez aux questions sous les documents 1 à 4 p. 101-102.

ÉTAPE 2

À l'aide des documents, rédigez un paragraphe expliquant que la frontière est à la fois un lieu de passage et un lieu de contrôle des mobilités.

····▷ Faites votre travail sur une feuille séparée.

Doc. 1 La frontière franco-allemande en Alsace

Dans le cadre de l'espace Schengen, les frontières de nombreux pays européens sont ouvertes. Il n'y a plus de poste-frontière pour les surveiller.

1 Précisez par quel moyen la frontière entre les deux pays est indiquée.

....

....

2 Expliquez comment cette ouverture de la frontière facilite les échanges et les mobilités.

....

....

....

Doc. 2 Le rôle multiple des frontières

Dans sa dimension commerce, la frontière est souvent considérée comme un frein aux échanges et un obstacle à la libre circulation de la main-d'œuvre et des capitaux. Mais du fait du développement des accords commerciaux, les droits de douane ont progressivement diminué, laissant la place à de nombreuses règles et normes propres aux États, visant principalement à protéger le consommateur et l'environnement.

La frontière est aussi au cœur des débats à travers la question très médiatisée des migrations. Si l'on considère l'Europe, la part de sa population dans la population totale ne cesse de décliner depuis les années 1970. Le moteur de l'accroissement total de la population européenne est aujourd'hui le solde migratoire[1]. La tendance depuis trois ans est à la hausse des migrations, en lien avec les crises géopolitiques touchant le Moyen-Orient.

Valérie Mignon, « Malgré la mondialisation, le retour des frontières », *Le cercle des économistes*, 29 juin 2016.

1. Solde migratoire : différence entre les arrivées et les départs de migrants.

3 Entourez trois flux qui peuvent être limités par les frontières.

4 Expliquez pourquoi la frontière fait débat dans le cadre des migrations.

....

....

....

Doc. 3 — Les murs anti-migrants dans le monde

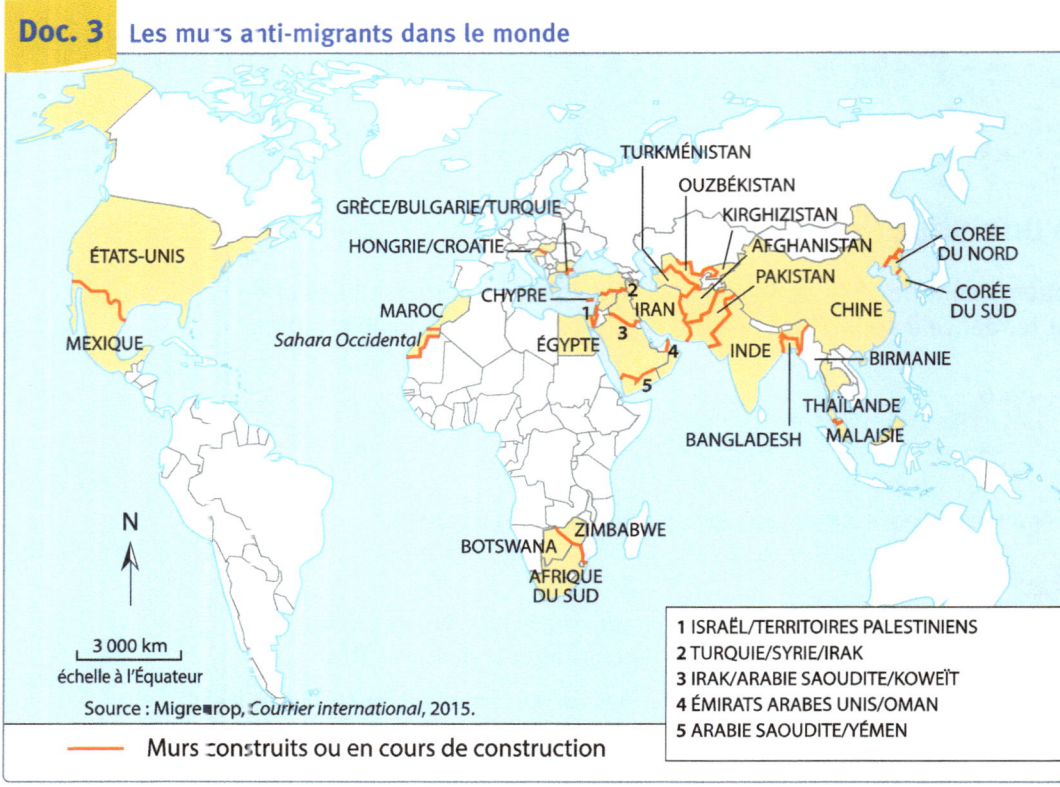

1 ISRAËL/TERRITOIRES PALESTINIENS
2 TURQUIE/SYRIE/IRAK
3 IRAK/ARABIE SAOUDITE/KOWEÏT
4 ÉMIRATS ARABES UNIS/OMAN
5 ARABIE SAOUDITE/YÉMEN

Source : Migreurop, *Courrier international*, 2015.

— Murs construits ou en cours de construction

5 Citez le continent où il y a le plus grand nombre de murs anti-migrants.

....

6 Précisez à quoi sert ce type de mur.

....

....

....

Doc. 4 — La frontière entre les États-Unis et le Mexique

◀ Patrouille de soldats américains à San Diego (Californie) le long de la frontière avec le Mexique, 2018.

7 Décrivez ce « mur » entre les deux pays.

....

....

8 Quel type de personnel est chargé de la surveillance du mur ?

....

9 D'après vous, par qui et pourquoi ce mur a-t-il été construit ?

....

4 Quel est le rôle du changement climatique sur les mobilités humaines ?

Comprendre les liens entre les formes de mobilité et le changement climatique

La forte croissance des mobilités au cours des quarante dernières années participe au changement climatique : les transports aérien et routier provoquent par exemple d'importantes pollutions au carbone.
Mais le changement climatique crée à son tour de nouvelles mobilités.

DÉMARCHE

TRAVAIL INDIVIDUEL

ÉTAPE 1

Répondez aux questions sous les documents 1 à 3 p. 103-104.

ÉTAPE 2

À l'aide des documents, rédigez un paragraphe expliquant que le changement climatique provoque de nouvelles mobilités, puis montrez que le changement climatique remet en cause les mobilités traditionnelles.

┈┈> Faites votre travail sur une feuille séparée.

> **VOCABULAIRE**
>
> ▸ **Migrants climatiques :** populations qui migrent en raison de causes climatiques (montée du niveau des eaux, sécheresses prolongées, etc.).

Doc. 1 Les espaces de départ des migrants climatiques

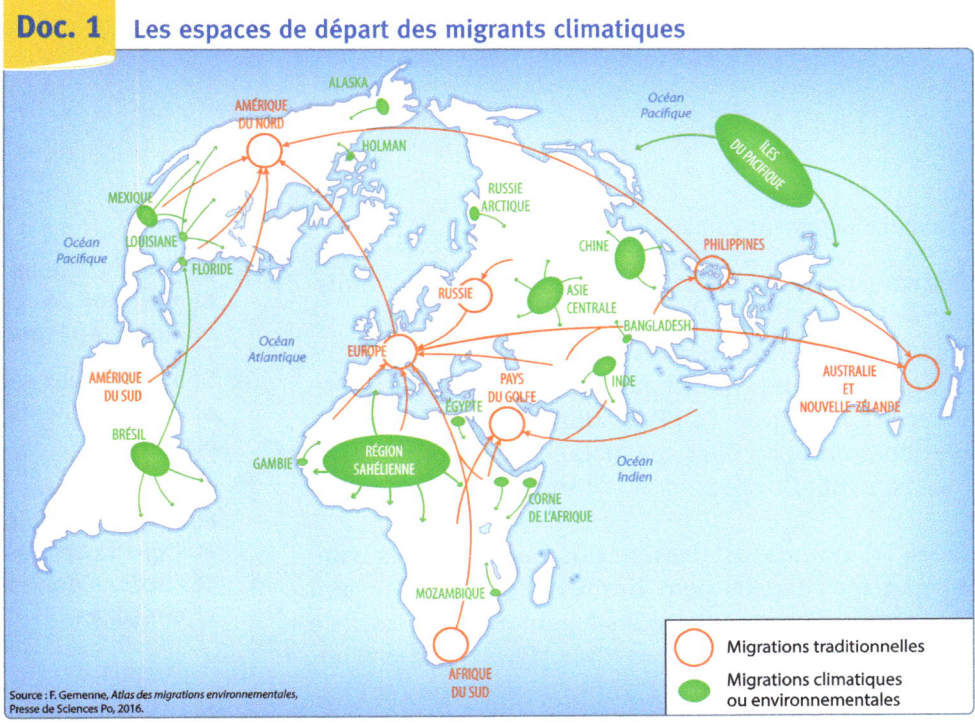

Source : F. Gemenne, *Atlas des migrations environnementales*, Presse de Sciences Po, 2016.

Légende :
○ Migrations traditionnelles
● Migrations climatiques ou environnementales

1 Entourez les principaux espaces de départ des migrants climatiques.

2 Précisez où sont situés les espaces d'accueil de ces migrants.

Doc. 2 Les réfug és climatiques au Kenya

◄ La sécheresse entraînant la famine pousse des centaines de milliers de Somaliens à migrer vers le Kenya.

3 Indiquez les éléments sur la photographie qui montrent la sécheresse.

....

....

4 Quels éléments montrent que ces réfugiés sont en situation de précarité ?

....

Doc. 3 Adapter les mobilités au changement climatique

En France, le secteur des transports représente la première source d'émission de gaz à effet de serre […]. Ces émissions sont reparties à la hausse en 2015. […] Plus de la moitié d'entre elles sont rejetées par les voitures. […] Le reste est réparti entre l'avion […] et dans une moindre mesure le
5 transport fluvial, ferroviaire et maritime. […] Pour des raisons d'aménagement du territoire et d'étalement des villes, les distances parcourues par les biens et les personnes se sont allongées et la consommation du carburant a augmenté. […]
Les solutions [pour réduire les pollutions] passent notamment par la tran-
10 sition énergétique : réorganiser l'espace pour limiter l'étalement urbain et les besoins en déplacements en rapprochant les logements des lieux de services, d'activités professionnelles et de loisirs. Cela passe aussi par des modes de déplacement alternatifs à la voiture (tramway, vélo, voiture électrique, etc.). Il s'agit de faire évoluer les pratiques et les comportements
15 de mobilités vers les modes de transport les plus écologiques. Or la moitié des déplacements effectués en voiture fait moins de trois km, distance aisément réalisable en vélo, à pied ou en transport en commun.

« Transports et mobilités », Réseau Action Climat France, 2019.

5 Entourez les deux modes de transport les plus polluants en France.

6 Soulignez deux solutions qui modifieraient les mobilités.

7 Indiquez, d'après le texte, dans quel territoire et à quelle échelle ces actions doivent être menées.

....

....

....

....

....

....

➡ Je vérifie mes connaissances

A **Reliez chaque terme à sa définition.**

a. Remise

b. Mobilité

c. Migrant

1. Déplacement d'un individu d'un lieu à un autre.

2. Personne qui a changé de pays pour des motifs variés depuis plus d'un an.

3. Somme d'argent envoyée par les migrants à leurs proches restés au pays.

B **Citez les trois principaux bassins touristiques.**

- ....
- ....
- ....

C **Complétez le tableau ci-dessous.**

	Migrations internationales	Tourisme international
Deux causes		
Nombre de personnes concernées		
Régions de départ		
Régions d'arrivée		

➡ J'écris pour retenir

Complétez le texte à l'aide des mots suivants :
environnement – tourisme – mobilités – migrations.

Les .... sont variées : elles peuvent être temporaires ou de longue durée, de proximité ou plus lointaines.

Différentes causes expliquent les .... : recherche d'une vie meilleure, fuite de guerres ou de persécutions, etc.

Le .... est la mobilité la plus massive, avec plus de 1,3 milliard de personnes en 2018.

Toutes les mobilités ont des effets sur l'économie et l' ....

➡ Je suis capable de...

CAPACITÉS	OUI	NON
Je sais raconter à l'écrit ou à l'oral la mobilité au quotidien d'un habitant d'un territoire de proximité.		
Je sais compléter le croquis d'un aménagement.		
Je sais décrire une situation géographique.		
Je comprends les liens entre les formes de mobilité et le changement climatique.		

Je m'entraîne

Doc. 1 La diaspora chinoise (2017)

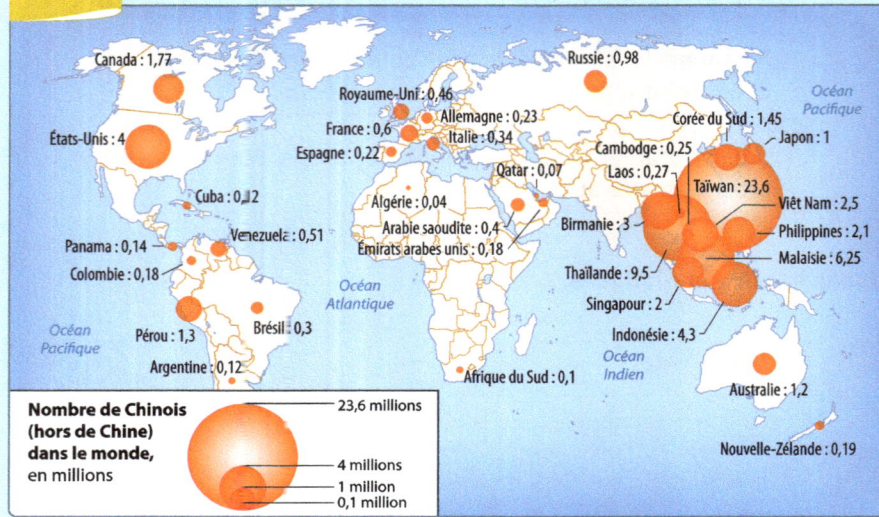

◄ Les Chinois installés hors de Chine forment une diaspora. Ils gardent des liens avec leur pays de départ. Ils sont ainsi à l'origine des deux tiers des investissements réalisés en Chine.

Questions	Réponses
1. Présentez le document. Présentez sa nature (texte ? carte ? photographie ? etc.), son auteur, sa date de réalisation, l'espace concerné (où ?), le thème abordé.	Ce document est un planisphère (carte d'échelle mondiale). La carte présente la répartition dans le monde des Chinois vivant hors de Chine.
2. Relevez les informations de la carte. Quels phénomènes montre-t-elle ?	Les Chinois installés hors de Chine vivent surtout en Asie du Sud-Est (Thaïlande, Malaisie, Indonésie), à Taïwan et dans les pays développés (Amérique du Nord, Europe, Australie) ou émergents (Brésil, Pérou).
3. Expliquez les informations de la carte. Tentez d'expliquer les logiques de cette diaspora : pourquoi certains pays sont-ils privilégiés ? d'autres délaissés ?	La répartition des Chinois de la diaspora s'explique par une logique de proximité géographique (Asie du Sud-Est) et historique (Taïwan est une ancienne région chinoise). Cette répartition est aussi liée à la recherche de meilleures conditions de vie, aussi leur présence est très limitée dans les régions les plus pauvres du monde, comme l'Afrique, et plus forte dans les pays riches (États-Unis, Europe).

J'applique

Doc. 2 La diaspora indienne (2015)

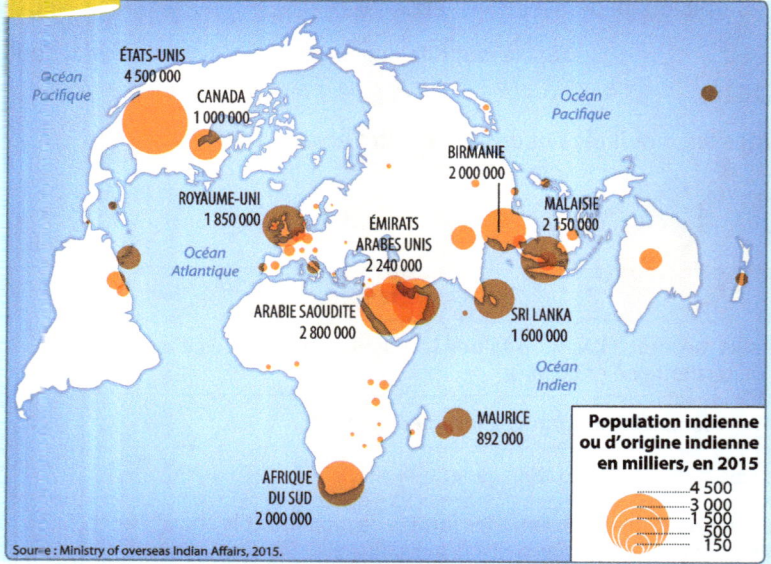

1. **Présentez ce document.**
2. **Relevez les informations de la carte.**
3. **Expliquez les informations de la carte.**

····▷ Faites votre travail sur une feuille séparée.

3 La France des villes

INTRODUCTION

Aujourd'hui, 79 % des Français habitent en ville. L'urbanisation se traduit à la fois par l'extension des surfaces urbanisées et la densification du peuplement. Les villes ont des formes, des tailles et des fonctions différentes, mais toutes sont confrontées à des problématiques de mobilité et de développement.

PROBLÉMATIQUES

▸ Quelles sont les principales caractéristiques de la France urbaine ?
COURS 1 ▸

▸ Quelles transformations connaissent les espaces urbains ?
COURS 2 ▸

DES CLÉS POUR COMPRENDRE

❮ Qu'est-ce qu'une ville ?

⇒ On peut définir une ville par le nombre d'habitants, au moins 2 000 personnes, vivant dans une forme d'habitat agglomérée (c'est-à-dire groupée). Mais ce n'est pas un critère suffisant : les géographes définissent aussi la ville par ses échanges et par la diversité des fonctions et des services qu'elle offre (en matière politique, administrative, économique ou culturelle).

⇒ **Une ville est constituée d'un ou de plusieurs centres, et de périphéries.**

⇒ Le terme *périphérie* désigne un espace géographiquement proche d'un centre et dépendant de celui-ci.

⇒ Les banlieues sont des périphéries proches, plus ou moins bien reliées et intégrées aux centres.

⇒ **Quelques chiffres clés**

Population française (2019) : 67 millions, dont plus de 53 millions vivant en ville.

Taux d'urbanisation en France : 79 %. Cela signifie que 79 % des Français vivent en ville.

Population des banlieues : 20 millions d'habitants.

Doc. La France des villes

▲ Image satellite de l'Europe de l'Ouest prise de nuit.

QUESTIONS

1. Que nous apprend cette image sur la répartition de la population en France ?

_____

_____

2. Repérez trois villes que vous connaissez en France et deux dans le reste de l'Europe.

_____

_____

_____

La France des villes

Doc. 1   **L'inégale répartition de la population en France**

1 Citez les trois principales aires urbaines françaises.

....

....

2 Où se concentrent les plus fortes densités ?
les plus faibles densités ?

....

....

....

....

NOTION / VOCABULAIRE

▸ **Densité** : la densité de population est le nombre moyen d'habitants d'une région donnée par kilomètre carré.

▸ **Réseau de villes** : ensemble des relations entre des villes de différentes tailles et fonctions.

Doc. 2 Le réseau urbain français

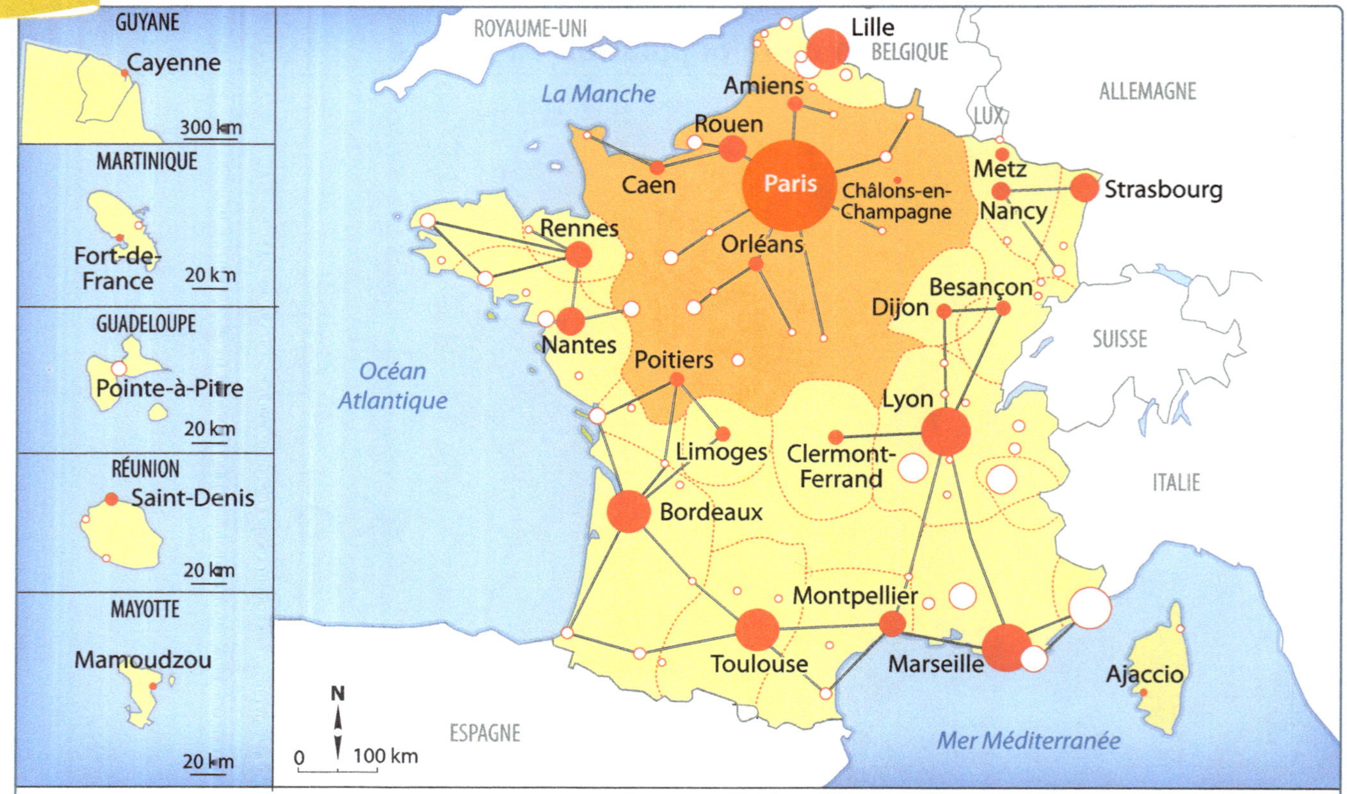

GUYANE
Cayenne
300 km

MARTINIQUE
Fort-de-France   20 km

GUADELOUPE
Pointe-à-Pitre   20 km

RÉUNION
Saint-Denis   20 km

MAYOTTE
Mamoudzou   20 km

ROYAUME-UNI
La Manche
BELGIQUE
LUX
ALLEMAGNE
Lille
Amiens
Rouen
Caen
Paris
Châlons-en-Champagne
Metz
Nancy
Strasbourg
Rennes
Orléans
Besançon
Nantes
Dijon
Poitiers
Lyon
SUISSE
Limoges
Clermont-Ferrand
Océan Atlantique
Bordeaux
ITALIE
Montpellier
Toulouse
Marseille
Ajaccio
ESPAGNE
Mer Méditerranée

N
0   100 km

Population des aires urbaines (en millions)

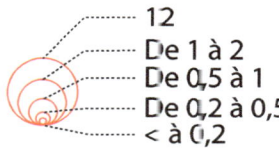

- 12
- De 1 à 2
- De 0,5 à 1
- De 0,2 à 0,5
- < à 0,2

Hiérarchie urbaine

Capitale nationale

Capitale régionale

○ Préfecture ou sous-préfecture

Réseaux urbains et aires d'influence

Aire d'influence de Paris

Aire d'influence des principales villes françaises

— Réseau urbain

3 Sur cette carte, qu'est-ce qui montre que les villes françaises sont organisées en réseau ? Aidez-vous de la définition p. 109.

....

....

4 Quelle place spécifique Paris occupe-t-elle en France ?

....

....

5 Repérez la métropole proche de votre lycée. Avec quelles autres métropoles est-elle en réseau ?

....

....

1 Quelles sont les principales caractéristiques de la France urbaine ?

COURS

1 Une France dominée par les métropoles

La région parisienne concentre 19 % de la population française alors qu'elle ne représente que 2 % du territoire en superficie. Paris est la seule ville française à pouvoir être considérée comme une **métropole** mondiale. En effet, de par ses fonctions de commandement politique, économique, financière et culturelle, elle rayonne à l'échelle mondiale. Elle abrite le siège d'institutions internationales comme l'UNESCO, le plus grand quartier d'affaires européen (La Défense), des musées prestigieux comme le Louvre (musée le plus visité au monde en 2018). D'autres villes comme Lyon, `Doc. 1 p. 113` Marseille ou Toulouse sont entrées dans un processus de métropolisation en concentrant des activités à forte valeur ajoutée. Ces métropoles dynamiques attirent la population par la qualité de leurs services, la mobilité permise et des logements plus accessibles. `Doc. 2 p. 113` Les villes de plus d'un million d'habitants sont les plus attractives. La multiplication de nouveaux pôles témoigne du dynamisme de ces villes. `Doc. 1 p. 113`

2 Des petites et moyennes villes dynamiques

Plus de la moitié de la population française vit dans des **villes** petites ou **moyennes**. Celles-ci ont largement absorbé l'**exode rural** des années 1960 et sont aujourd'hui peu nombreuses à perdre des habitants. Leur insertion dans les réseaux de transport garantit leur attractivité. Les villes moyennes à moins d'une heure de Paris en TGV sont aujourd'hui celles qui connaissent la plus forte croissance démographique. `Doc. 4 p. 114` Elles offrent des emplois aux habitants des espaces ruraux et périurbains. Les petites villes peuvent avoir des activités diversifiées, mais beaucoup sont aujourd'hui en crise. `Doc. 3 p. 114` Les petites villes proches des grandes villes sont parfois qualifiées de « dortoirs » car elles sont essentiellement des lieux de résidence. Au contraire, dans les espaces ruraux, certaines petites villes restent des pôles de l'économie locale, comme Thiers, spécialisée dans la coutellerie.

NOTION / VOCABULAIRE

▸ **Exode rural :** départ massif de ruraux vers la ville pour y trouver un emploi ou une vie meilleure.

▸ **Métropole :** ville qui concentre des fonctions culturelle, économique, politique, financière et qui rayonne sur un vaste territoire.

▸ **Ville moyenne :** ville qui compte entre 20 000 et 200 000 habitants.

JE RETIENS — LE COURS

1 Quelle place spécifique occupe Paris dans la France des villes ?

....

....

....

2 Quels facteurs permettent aux métropoles de gagner des habitants ?

....

....

....

....

....

➔ Voir Je comprends le cours p. 113.

2 Quelles transformations connaissent les espaces urbains ?

COURS

1 Des inégalités à l'intérieur des villes

À l'échelle d'une ville, on peut trouver de fortes inégalités entre des quartiers plus aisés et des quartiers plus pauvres Doc.2 p. 115 , mais aussi au sein d'un même quartier, voire d'une rue. Selon l'INSEE, 77 % de la population française pauvre réside dans les 230 plus grandes villes, et 20 % d'entre eux à Paris. Les villes-centres d'outre-mer sont les plus touchées : on compte 39 % de pauvres à Saint-Denis à La Réunion. Dans chaque ville, la loi relative à la solidarité et au renouvellement urbains (loi SRU, 2000) impose un taux de 20 % de logements sociaux dans chaque commune. Mais certaines villes préfèrent être pénalisées financièrement plutôt que de construire de nouveaux logements sociaux.

2 Des centres-villes en crise ?

Souvent, les centres-villes sont abandonnés car ils ne correspondent plus aux normes de confort pour des ménages qui souhaitent plus d'espace et qui veulent acquérir une propriété à un prix abordable. Le bâti se dégrade et le manque d'espace disponible empêche la construction de nouveaux logements. Le centre devient de moins en moins attractif. Depuis les années 1980, dans les métropoles, d'anciens quartiers populaires s'embourgeoisent, avec la venue d'une population plus riche. Dans de nombreuses petites villes, en revanche, le centre ancien est délaissé au profit du centre commercial. Doc.1 p. 115

3 Des périphéries plurielles

Au-delà des villes-centres s'étendent les banlieues. Celles-ci sont très variées en fonction des activités et du niveau de vie des populations. Encore plus loin des centres, au-delà des banlieues, se trouve l'espace périurbain, un espace habité par des personnes qui dépendent de la ville pour leur emploi, leurs études, leurs loisirs, etc. Doc.4 p. 116 Partout en France, le phénomène de périurbanisation s'accentue : la ville grignote peu à peu l'espace rural. Doc.3 p. 116

NOTION / VOCABULAIRE

▸ **Banlieue :** ensemble des territoires se trouvant en périphérie proche des centres-villes.

▸ **Périurbanisation :** extension de l'urbanisation dans l'espace rural à la périphérie d'un centre urbain et en lien avec celui-ci.

JE RETIENS **LE COURS**

1 Pourquoi peut-on dire que les villes sont des espaces marqués par des inégalités ?

....

....

....

2 Citez deux phénomènes qui peuvent provoquer une crise des centres-villes.

....

....

➔ Voir **Je comprends le cours** p. 115.

1 Quelles sont les principales caractéristiques de la France urbaine ?

Doc. 1 L'organisation de la métropole de Lyon

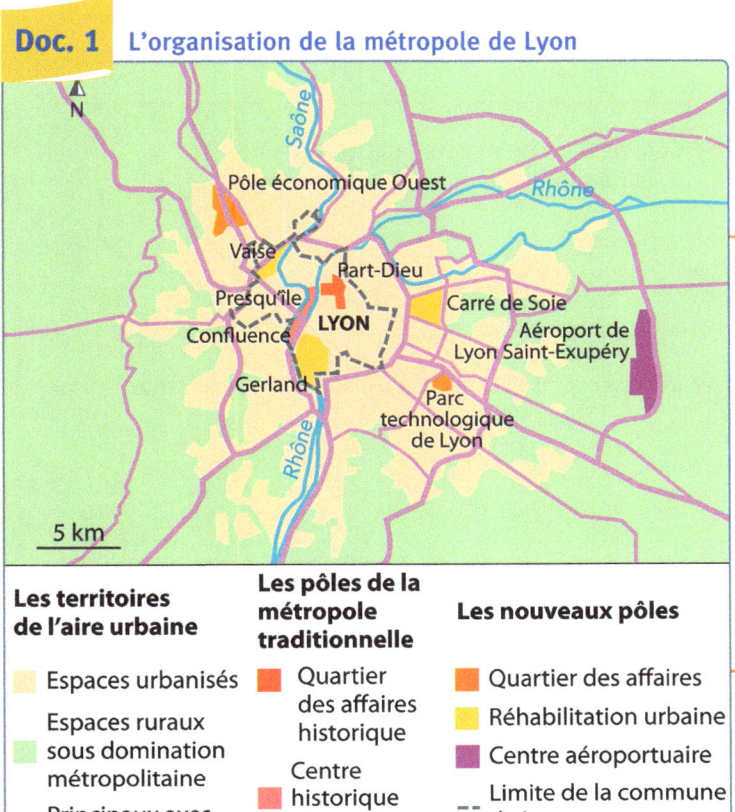

Les territoires de l'aire urbaine

■ Espaces urbanisés

■ Espaces ruraux sous domination métropolitaine

— Principaux axes de communication

Les pôles de la métropole traditionnelle

■ Quartier des affaires historique

■ Centre historique et commercial

Les nouveaux pôles

■ Quartier des affaires

■ Réhabilitation urbaine

■ Centre aéroportuaire

-- Limite de la commune de Lyon

1 Au sein de la métropole, entourez le centre historique et commercial, et le quartier des affaires historique.

2 Où se situent les nouveaux pôles ? Comment expliquer cette localisation ?

....

....

....

....

3 D'après le document, quel est le profil des nouveaux arrivants à Nantes ?

....

....

....

4 Pour quelles raisons quittent-ils Paris ?

....

....

....

....

Doc. 2 Les métropoles qui gagnent des habitants

Comme à Bordeaux, l'afflux de « jeunes cadres parisiens » à Nantes est une tendance de fond depuis plusieurs années. En quête d'une « qualité de vie » qu'ils disent ne plus trouver en région parisienne, ces trentenaires accourent dans ces grandes métropoles « dynamiques » qui leur offrent des emplois qualifiés et des mètres carrés meilleur marché que dans la capitale. [...] Dans un sondage diffusé en septembre 2018, le site de recrutement Cadremploi révélait que plus de huit cadres franciliens sur dix envisageaient de quitter la région parisienne pour s'installer ailleurs en France. [...] À Paris intra-muros, 3 000 élèves en moins sont enregistrés chaque année depuis trois ans dans les écoles primaires.

Marine Miller, « "Nantes, c'est le nouveau Montreuil" : paroles de Parisiens qui ont fui "la capitale de l'invivable" », *Le Monde*, 28 février 2019.

Doc. 3 Une petite ville en crise

À Château-Chinon (Nièvre), Morgane et Jérémy font partie des rares jeunes actifs de la ville. Elle est journaliste et lui, chauffeur de taxi. Ils ont respecti-
5 vement 22 et 23 ans et viennent d'avoir un enfant. Mais après quatre années passées ici, ils hésitent à s'en aller. « Il y a des soirs où on s'ennuie », avoue le jeune homme. La jeune femme pointe égale-
10 ment le manque de commerces. Comme la plupart des communes de la Nièvre, Château-Chinon perd chaque année des habitants. Selon le dernier recensement de l'Insee, 2 001 personnes y vivent, soit
15 97 de moins qu'il y a cinq ans. La baisse est continue depuis bientôt trente ans. Déficit de médecins, taux de chômage à 19 % et manque de services de proximité... [...] Alors, pour inverser la ten-
20 dance [...], le maire de la ville se veut pragmatique. « Les jeunes couples, pour les faire venir, il faut du travail, il faut de l'emploi [...] ».

« Nièvre   Château-Chinon a perdu
500 habitants en 25 ans »,
France 3 Bourgogne-Franche-Comté,
28 décembre 2018.

5 Comment se manifeste la crise urbaine à Château-Chinon ?

....

....

....

6 Montrez qu'il est difficile de sortir de cette crise.

....

....

....

Doc. 4 Une ville moyenne dynamique : Sens (Yonne)

▲ Affiche promotionnelle de la ville de Sens.

7 Quel atout principal la ville de Sens met-elle en avant pour attirer des habitants ou des touristes ?

....

....

....

8 Entourez l'élément qui montre que les transports jouent un rôle clé dans le dynamisme de la ville.

(2) Quelles transformations connaissent les espaces urbains ?

Doc. 1 — **La préservation du lien social dans la petite ville de Loudun (Vienne)**

Il n'est pas tout à fait 6 heures [à Loudun]. [...] Sur le parking de l'hypermarché Leclerc [...] des automobiles sont déjà garées. [...] D'ailleurs, en attendant l'heure, les clients rient et papotent, les mains sur la poignée du
5 chariot [...]. « Comme c'est un magasin à taille humaine idéalement situé, c'est aussi un lieu de rencontres, assure Tommy Soria, 30 ans, le directeur des lieux. Et, depuis le temps, c'est devenu une institution. » [...] Ici, la grande surface n'a pas dévoré la ville et ses habitants.
10 C'est l'exode rural qui a commencé le travail. « Le déclin date des années 1950, raconte Jacques Sergent, [...] créateur du récent Centre de mémoire du Loudunais [...]. La population a diminué de manière significative vingt ans plus tard, en même temps qu'elle a vieilli.
15 La demande n'était plus la même, et l'offre n'était sans doute pas adaptée. » [...] Leclerc affiche aujourd'hui un chiffre d'affaires de 35 millions d'euros annuels et emploie 117 personnes. Les commerces de proximité, eux, ont continué à péricliter. Il reste un seul boucher,
20 et cinq boulangeries. Plus aucune alimentation de quartier, pour 6 477 habitants (recensement 2016), même la gare a fermé. [...]

Michel Dalloni, « À Loudun, dans la Vienne, l'hypermarché est le centre de la ville », *Le Monde*, 8 mars 2019.

1 Quel rôle joue l'hypermarché dans la commune de Loudun ?

....

....

....

2 Quels sont les commerces qui restent et ceux qui ont disparu du centre-ville ?

....

....

....

Doc. 2 — **Le paysage d'une banlieue parisienne populaire : la cité des Courtillières à Pantin**

3 Décrivez ce paysage urbain.

....

....

....

....

....

....

Doc. 3 La dynamique d'un espace périurbain à Mayotte (océan Indien)

MAYOTTE

Cela fait maintenant 5 ans que je vis dans ce quartier de Mamoudzou[1] que l'on appelle Cavani Massimoni. Initialement, Cavani ne fait pas partie de Mamoudzou

5 mais du fait de la périurbanisation, doré-navant, Cavani est maintenant attenant à Mamoudzou. À l'intérieur de Cavani, il y a actuellement environ 8 000 habitants et différents sous-quartiers. [...] Ce quartier

10 qui n'était composé que de bananeraies se développe actuellement à une vitesse impressionnante. Il serait même question de goudronner les rues l'an prochain ! À Cavani, nous pouvons retrouver de nom-

15 breuses infrastructures comme le stade de Mayotte, la bibliothèque départementale et même une pharmacie ! C'est l'un des endroits de Mayotte les plus mélangés puisqu'il y a de nom-

20 breux Mahorais, des Wazungus[2], des Comoriens ou des Africains. Il y a aussi un mélange, sans aucune organisation entre des maisons de type mahorais, des cases de la Société Immobilière de

25 Mayotte (SIM) mais aussi des habitats insalubres de type bidonville.

1. Préfecture du département français de Mayotte.
2. Wazungus : Blancs, Européens.

Gregory_3fle, « Mon quartier : Cavani Massimoni », gregoryl3fle.wordpress.com, 13 décembre 2015.

4 Relevez les éléments du texte qui montrent que cet espace périurbain est sous influence de la ville.

....

....

....

....

....

....

....

....

5 Décrivez le paysage en distinguant plusieurs plans.

....

....

....

....

....

....

Doc. 4 Un paysage périurbain : Thaon, au nord-ouest de Caen (Normandie)

Comment le paysage urbain rend-il compte des dynamiques de la métropole parisienne ?

Décrire et expliquer le paysage urbain du quartier d'affaires d'une métropole

Paris est une ville qui compte 2 millions d'habitants et plus de 12 millions si l'on prend en compte l'ensemble de l'aire urbaine. Capitale de la France, Paris a des ambitions mondiales dans les domaines politique, économique et culturel.

DÉMARCHE

 **ÉTAPE 1**

Répondez aux questions sous le document.

 **ÉTAPE 2**

À l'aide d'Internet, trouvez un autre paysage urbain qui illustre le dynamisme de la métropole parisienne. Présentez cette image à la classe et décrivez-la.

Doc. Le quartier de la Défense, aux portes de Paris

1. Décrivez, à l'oral, ce paysage : d'abord le premier plan, puis l'arrière-plan.

2. À votre avis, quelles activités les gratte-ciel accueillent-ils ?

3. Quel aspect de la puissance et du rayonnement de Paris ce document illustre-t-il ?

2 Quels sont les objectifs du développement durable ?

Connaître et comprendre les objectifs de développement durable tels que définis par l'UNESCO

L'UNESCO est née après la Seconde Guerre mondiale. Son siège a été inauguré en 1958 à Paris. L'UNESCO contribue à atteindre les objectifs de développement durable définis par l'ONU dans l'agenda 2030.

DÉMARCHE

ÉTAPE 1

• À partir du document, classez les objectifs de l'UNESCO en plusieurs catégories (objectifs économiques, sociaux, environnementaux, politiques).

• Quelles activités renvoient au développement durable ?

ÉTAPE 2

Réalisez un poster pour montrer trois réalisations de l'UNESCO en lien avec le développement durable. Sous chaque photographie (ou autre image), vous collerez la vignette d'un des objectifs du développement durable et vous rédigerez un court paragraphe explicatif.

····> Faites votre travail sur une feuille séparée.

VOCABULAIRE

▸ **Développement durable :** développement qui permet d'assurer les besoins des générations actuelles tout en préservant ceux des générations futures. Il repose sur trois piliers : économique, social et environnemental.

▸ **UNESCO :** Organisation des Nations unies pour l'éducation, la science et la culture.

Doc. Les objectifs de développement durable

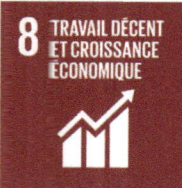

3 Quels services la commune de Cergy-Pontoise assure-t-elle pour ses habitants ?

Identifier les différents services présents dans une ville de proximité

DÉMARCHE

TRAVAIL INDIVIDUEL

ÉTAPE 1

Répondez aux questions se rapportant aux documents 1 à 4 p.119-120.

ÉTAPE 2

Objectif : identifier les services présents dans la ville de votre lycée.
- Allez sur le site de la ville de votre lycée et listez les différents services qu'elle propose par thème (administration, loisirs, éducation, commerces, transports).
- Réalisez une affiche promotionnelle pour attirer de nouveaux habitants dans votre ville. Vous insisterez sur les atouts de la ville.

Doc. 1 Les villes nouvelles d'Île-de-France

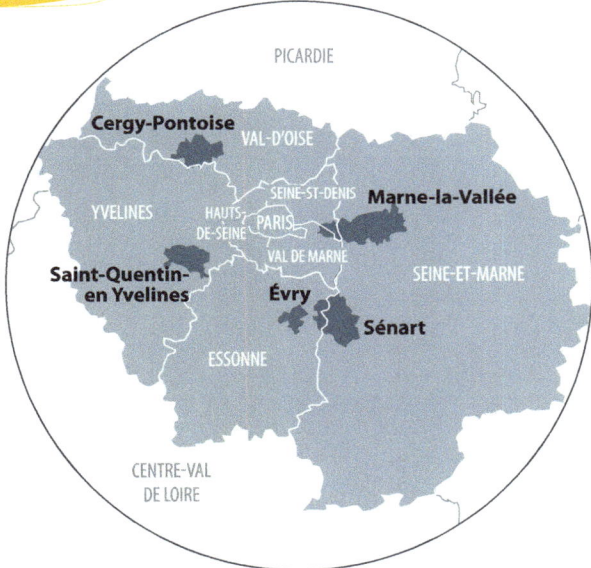

Doc. 2 Les villes nouvelles : de nouveaux pôles de services ?

Pour encadrer la croissance de l'agglomération parisienne, un schéma directeur d'aménagement et d'urbanisme (SDAU) a défini en 1965 une politique de développement urbain […] pour éviter
5 une croissance anarchique. Le schéma prévoyait la construction de cinq villes nouvelles dans la périphérie de l'agglomération : Cergy-Pontoise, Marne-la-Vallée, Melun-Sénart, Saint-Quentin-en-Yvelines et Évry. […] Ces villes apparaissent
10 comme des pôles d'emploi (industriel ou de services) et universitaires […]. La ville d'Évry (8 000 habitants en 1968 et 56 000 en 2018) est ainsi devenue l'un des pivots structurants de la grande banlieue sud. Elle est révélatrice de la façon dont
15 on pouvait concevoir la cité idéale à la fin des années 1960 : un centre administratif […] jouxtant un espace de loisirs lié à l'eau […], un habitat décliné en grands ensembles […], une ceinture de services de base (scolaire et sportifs), des espaces
20 productifs, industriels et commerciaux, séparés du reste du bâti, de façon à éviter les nuisances […].

Vincent Adoumie, *Géographie de la France*, Hachette, 2019.

1 Où se situent Cergy-Pontoise et les autres villes nouvelles ? (Doc. 1)

....

2 Pourquoi ces villes nouvelles ont-elles été construites ? (Doc. 2)

....

3 Quels services proposent-elles ? (Doc. 2)

....

Doc. 3 De nombreux services à Cergy-Pontoise

Légende :
- ═══ Autoroute
- ─── Liaison principale
- ─── Liaison secondaire
- ■ Zone bâtie
- ■ Bâtiment public ou sportif
- ■ Bâtiment industriel ou commercial
- ■ Zone de végétation
- ■ Surface d'eau

Doc. 4 Paysage d'une ville nouvelle : Cergy-Pontoise

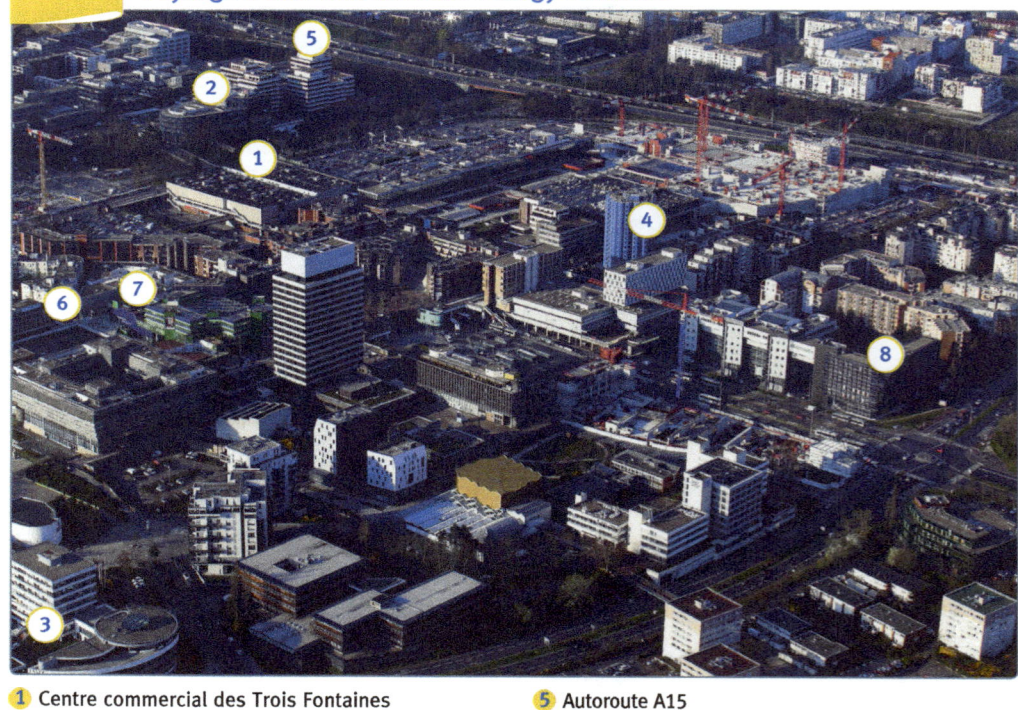

4 Entourez sur la carte (doc. 3) le paysage photographié (doc. 4) à l'aide des pastilles 1 et 2.

5 D'après les documents 3 et 4, repérez les différentes fonctions et classez-les dans un tableau pour distinguer celles qui relèvent de l'administration, des transports, de l'habitat, de l'enseignement.

6 D'après les documents 1 à 4, quels points communs peut-on trouver dans l'aménagement des différentes villes nouvelles ?

┈┈> Faites votre travail sur une feuille séparée.

1 Centre commercial des Trois Fontaines
2 Université de Cergy-Pontoise
3 Essec (École supérieure des sciences économiques et commerciales)
4 La Tour bleue (habitations), construite en 1973
5 Autoroute A15
6 Centre administratif
7 Centre culturel et sportif (médiathèque, piscine)
8 Bureaux

Je vérifie mes connaissances

A **Reliez chaque terme à sa définition.**

a. Réseau des villes

1. Espace à la fois urbain et rural, relié par des voies de communication à une agglomération qui polarise les activités.

b. Métropole

2. Relations entre des villes de différentes tailles et fonctions.

c. Espace périurbain

3. Ville qui concentre des fonctions culturelle, économique, politique, financière et qui rayonne sur un vaste territoire.

B **Justifiez l'affirmation suivante : « Paris est une métropole mondiale. »**

....

....

....

C **Selon l'INSEE, combien d'habitants une commune urbaine (c'est-à-dire une ville) doit-elle compter au minimum ?**

a. 10 000.   b. 5 000.   c. 2 000.

J'écris pour retenir

Complétez les phrases à l'aide des mots et expressions suivants :

villes moyennes – métropoles – inégalités sociales – ville – petites villes.

79 % des Français vivent en ...., les villes qui gagnent le plus d'habitants sont les ....

Les .... dynamiques sont celles qui sont bien reliées par les transports à Paris.

Beaucoup de .... sont aujourd'hui en crise.

Les .... sont visibles à l'échelle de la ville, du quartier, voire de la rue.

Je suis capable de...

CAPACITÉS	OUI	NON
Je sais décrire et expliquer le paysage urbain du quartier d'affaires d'une métropole.		
Je suis capable de connaître et comprendre les objectifs de développement durable tels que définis par l'UNESCO.		
Je sais identifier les différents services présents dans une ville de proximité.		

Je m'entraîne

Doc. 1 Les inégalités au cœur d'une métropole : l'exemple de Montpellier (quartier Celleneuve, au nord)

Questions	Réponses
1. Quelle est la nature du document ? De quel type de document s'agit-il (texte, photographie, affiche, etc.) ?	Il s'agit d'une photographie satellite, qui permet d'avoir une vue aérienne sur un des quartiers nord de Montpellier, l'une des plus grandes métropoles françaises.
2. Décrivez le paysage urbain au nord de la rue du Pilory. Il s'agit de montrer que cet espace est un bidonville.	Les habitations ont été construites avec des matériaux de récupération. La croissance s'est faite de manière anarchique. Les conditions d'hygiène et sanitaires ne sont pas respectées, comme en témoigne, notamment, l'importance des déchets. Il s'agit d'un bidonville.
3. Montrez que cet espace contraste avec le sud de la rue du Pilory. Montrez que ces deux espaces, bien que très proches, sont très différents.	Le bidonville est en rupture avec le reste de la ville. La rue du Pilory sépare physiquement le bidonville et un espace composé de maisons individuelles, avec pour l'une d'entre elles une piscine.

J'applique

Doc. 2 Les inégalités au cœur d'une métropole : l'exemple de Paris (XVe arrondissement)

1. Quelle est la nature de ce document ?

2. Décrivez la scène.

3. Quels contrastes ce document illustre-t-il ?

⟶ Faites votre travail sur une feuille séparée.

4 Acteurs et enjeux de l'aménagement des villes françaises

INTRODUCTION

Depuis l'État jusqu'aux intercommunalités, de nombreux acteurs participent à l'aménagement des villes françaises. Les enjeux sont complexes puisqu'il s'agit de répondre aux besoins des populations tout en intégrant les objectifs du développement durable.

PROBLÉMATIQUE

▶ Quels sont les acteurs et les enjeux de l'aménagement des villes ? **COURS ▸**

DES CLÉS POUR COMPRENDRE

◖ Que signifie « aménager un territoire ? »

➡ **L'aménagement** est la transformation d'un territoire par l'action publique avec comme objectif d'en corriger les déséquilibres ou les inégalités. L'aménagement prend en compte des enjeux sociaux (par exemple, lorsqu'il s'agit d'assurer les mêmes services à tous), économiques (pour encourager l'emploi) et environnementaux (afin de concilier aménagement et respect de l'environnement).

➡ Plusieurs **acteurs géographiques** contribuent à aménager les territoires ; ils interviennent à plusieurs échelles : l'Union européenne, l'État, les collectivités territoriales (région, département, commune ou intercommunalité), les entreprises, les citoyens.

GÉOGRAPHIE

Doc. **Les citoyens, acteurs de l'aménagement des territoires**

Affiche annonçant une concertation citoyenne autour du projet Grand Angoulême 2025. ▲

QUESTIONS

1. Quel événement cette affiche annonce-t-elle ?

....

....

....

....

2. À qui s'adresse-t-elle ?

....

....

....

3. Comment des citoyens peuvent-ils participer à l'aménagement du territoire ?

....

....

....

....

....

....

Quels sont les acteurs et les enjeux de l'aménagement des villes ?

COURS

1 Les acteurs de l'aménagement des villes

De nombreux acteurs sont impliqués, à plusieurs échelles, dans l'aménagement des villes. Les communes se réunissent de plus en plus en **intercommunalités** ou en **communautés de communes** pour associer leur budget et leurs compétences autour de projets communs **Doc.1 p. 126**. Certaines entreprises créent même des villes dans les villes : c'est le cas des centres commerciaux comme celui de Val d'Europe, dans le Val-de-Marne, qui a imité des rues et des places. Il résulte d'un partenariat entre une entreprise (Disney) et des communes.

Les habitants sont de plus en plus souvent concertés pour l'aménagement de leur espace de vie. On parle de démocratie participative et de prise de décision des citoyens sur les questions d'aménagement.

2 Renforcer l'attractivité des villes

L'État joue un rôle important dans les divers aménagements à Paris et en Île-de-France : dans un contexte de mondialisation, il s'agit de résister à la concurrence des grandes métropoles mondiales. Le **technopôle** Paris-Saclay, à vingt kilomètres au sud de la ville-centre, a l'ambition de rivaliser avec les autres grands territoires de l'industrie de pointe. Paris bénéficiera de nouveaux aménagements à l'occasion des Jeux olympiques en 2024, **Doc.3 p. 126** et renforcera ainsi son image de ville mondiale. Lancé par le ministère de la Cohésion des territoires, le plan Action Cœur de Ville a pour objectif de rénover le centre des villes petites et moyennes. **Rénovation** de l'habitat, politiques de développement économique, service aux habitants... Autant de projets qui doivent rendre ces villes attractives.

3 Demain, des villes durables ?

L'aménagement du territoire prend en considération des enjeux sociaux (assurer les mêmes services à tous), économiques (emplois) et environnementaux. **Doc.2 p. 126** Le concept de **développement durable** permet de penser la conciliation de ces enjeux. Les habitants réclament de plus en plus des espaces verts et des espaces de promenade. Certaines villes comme Angers font de la piétonisation et de l'aménagement de pistes cyclables des arguments, pour attirer une nouvelle population. Certains espaces en friches (abandonnés) sont **rénovés** ou **réhabilités**.

NOTIONS / VOCABULAIRE

▸ **Communauté de communes :** regroupement de plusieurs communes pour mettre en commun leurs compétences et leur capacité de financement au service de projets.

▸ **Intercommunalité :** ensemble des organismes qui contribuent à rapprocher les communes désirant partager des compétences (transports, collecte des déchets, etc.).

▸ **Développement durable :** développement qui permet d'assurer les besoins des générations actuelles tout en préservant ceux des générations futures. Il repose sur trois piliers : économique, social et environnemental.

▸ **Réhabilitation :** opération d'aménagement qui permet de proposer de nouvelles activités sur un espace en friche (abandonné), tout en conservant le bâti ancien.

▸ **Rénovation :** opération d'aménagement qui permet de proposer de nouvelles activités et un nouvel édifice à la place d'un bâtiment ancien.

▸ **Technopôle :** territoire consacré à l'innovation, où sont regroupés et coopèrent des centres de recherche, des universités et des grandes écoles, ainsi que des entreprises concurrentes.

JE RETIENS   LE COURS

1 Expliquez à quoi servent les intercommunalités.

....

....

2 Expliquez comment les citoyens peuvent participer à l'aménagement de leur territoire.

....

....

3 Qu'est-ce qu'un quartier ou une ville durable ?

....

→ Voir Je comprends le cours p. 126.

Doc. 1 Les collectivités territoriales et leurs compétences en matière d'aménagement

Région	Transports ferroviaires régionaux Gestion des lycées Formation professionnelle Développement économique Aide aux entreprises Environnement Culture (inventaire général du patrimoine) Santé
Département	Action et aide sociale (ex. : RSA) Transports scolaires, transports routiers de voyageurs Gestion des collèges Voirie Culture
Communes/intercommunalité	Action et aide sociale (centres communaux d'action sociale) Transports urbains Gestion des écoles primaires et maternelles Urbanisme (permis de construire, ZAC, périmètre de protection...) Culture (bibliothèques, musées)

1 Comment se répartissent les compétences entre les territoires ?

....

....

2 Quel acteur gère votre établissement ?

....

3 Quelles compétences peuvent éventuellement se chevaucher ?

....

4 De quelles manières ce quartier s'inscrit-il dans des objectifs de développement durable ?

....

....

....

5 Comment définiriez-vous un écoquartier ?

....

....

....

Doc. 2 Villes et développement durable

Les écoquartiers se multiplient, ainsi celui de Parc Marianne à Montpellier.

Lancé en 2005, l'écoquartier Parc Marianne héberge deux groupes scolaires BEPOS[1], des bureaux, des commerces et 2 500 logements. La vie de
5 quartier s'articule autour d'un parc de 7 hectares, à la fois lieu de détente pour les habitants et espace de stockage des eaux de pluie.
Cet espace participe à la valorisation
10 de la biodiversité et de la nature en ville. Fort de ses exigences environnementales, le projet est officiellement reconnu comme un écoquartier depuis 2015. La labellisation légitime notre
15 approche auprès des habitants, qui en sont fiers.

Stéphanie Jannin, adjointe au maire de Montpellier, *in ÉcoQuartiers. Ensemble vers la ville durable*, brochure, Ministère du Logement et de l'Habitat durable, 2016.

1. BEPOS : bâtiment à énergie positive, c'est-à-dire un bâtiment qui produit plus d'énergie (électricité, chaleur) qu'il n'en consomme pour son fonctionnement.

Doc. 3 Les aménagements prévus pour les Jeux olympiques de 2024 à Paris

Aménagement
- existant
- existant, constructions permanentes nécessaires
- prévu
- supplémentaire
- provisoire

Source : AFP, 2019.

6 Tous les sites prévus pour 2024 sont-ils déjà construits ?

....

7 Les aménagements concernent-ils seulement la ville de Paris ? Pourquoi ?

....

....

....

1 Quels acteurs aménagent les territoires ?

Identifier les principaux acteurs d'un territoire

DÉMARCHE

TRAVAIL INDIVIDUEL

ÉTAPE 1

Répondez aux questions se rapportant aux documents 1 et 2.

ÉTAPE 2

Après avoir observé le document 1, recopiez et complétez le tableau suivant.

Échelle d'intervention	Acteurs
Échelle supranationale	
Échelle nationale	
Échelles régionale à locale	

Doc. 1 Plusieurs acteurs pour plusieurs échelles d'aménagement

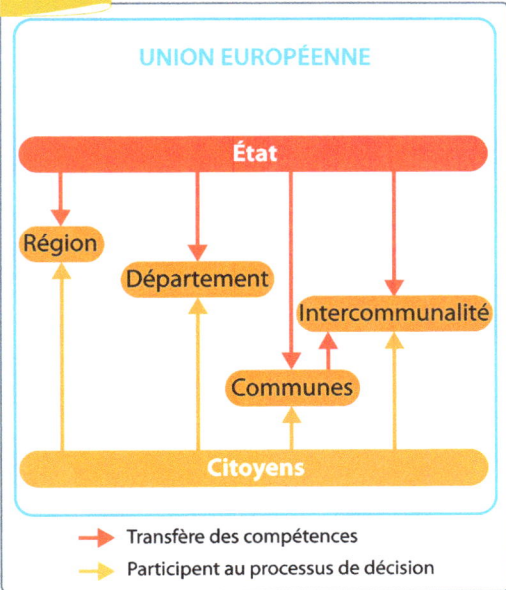

UNION EUROPÉENNE

État — Région — Département — Intercommunalité — Communes — Citoyens

➤ Transfère des compétences
➤ Participent au processus de décision

1 À quelles échelles d'aménagement les différents acteurs interviennent-ils ?

....
....
....
....
....
....

Doc. 2 Un exemple : la rénovation du Parc des expositions de Lons-le-Saunier (Jura)

La charpente de Juraparc entièrement réalisée avec du bois du Jura

JURAPARC DE NOUVEAU PRÊT À VOUS ACCUEILLIR

Ville de Lons le Saunier — RÉGION BOURGOGNE FRANCHE COMTÉ — RÉGION BOURGOGNE FRANCHE COMTÉ avec le Fonds européen de développement régional (FEDER) — jura LE DÉPARTEMENT — Liberté · Égalité · Fraternité RÉPUBLIQUE FRANÇAISE

2 En quoi consiste le projet d'aménagement ?

....
....

3 Dressez la liste des acteurs qui ont financé ce projet.

....
....
....

2 Comment un lotissement périurbain est-il organisé ?

Compléter le croquis d'un paysage périurbain

Un lotissement est le résultat d'une opération d'aménagement périurbain qui consiste, pour le promoteur, à acheter et vendre des « lots » sur une parcelle. Les habitations individuelles sont généralement semblables et disposées selon un plan d'ensemble, avec des voies d'accès.

DÉMARCHE

Répondez aux questions se rapportant au document 1.
Complétez la légende du document 2.

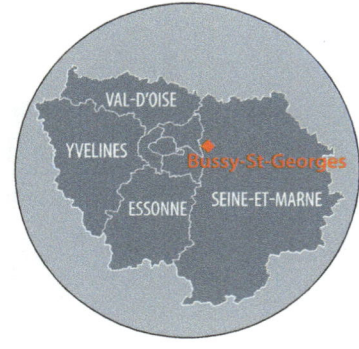

Doc. 1 Un lotissement périurbain à Bussy-Saint-Georges

1 Décrivez l'habitat présent sur cette photographie (individuel/collectif, taille, accès, situation).

....

....

2 Repérez les différents « lots » sur cette photographie. Chaque lot répond à une logique, à un plan d'aménagement particulier.

3 Quelles sont les activités autour du lotissement ?

....

Doc. 2 Croquis d'un lotissement périurbain

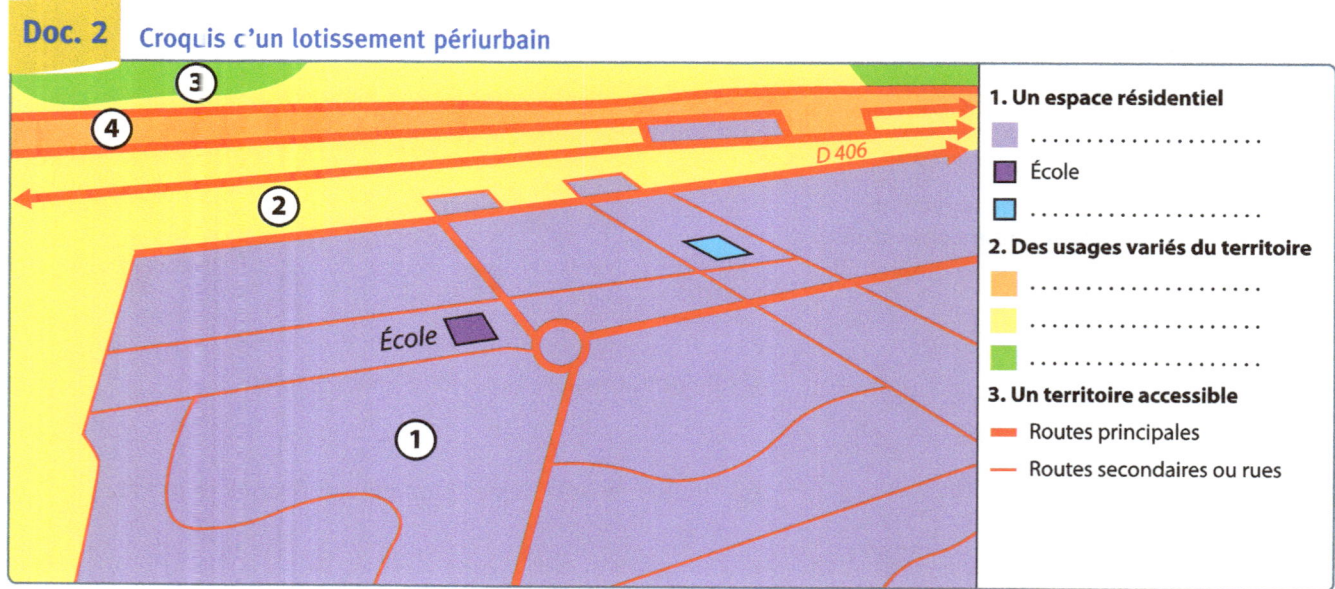

1. Un espace résidentiel

▪ ....

■ École

■ ....

2. Des usages variés du territoire

■ ....

■ ....

■ ....

3. Un territoire accessible

━ Routes principales

━ Routes secondaires ou rues

3 Quels objectifs poursuivent les intercommunalités ?

À partir d'exemples d'actions intercommunales, montrer la coopération et la complémentarité des acteurs

Depuis 2014, toutes les communes doivent intégrer une structure intercommunale. Les communautés ainsi créées disposent de deux sources de financement : leur fiscalité propre (impôts des habitants) et les donations de l'État.

DÉMARCHE

TRAVAIL INDIVIDUEL

ÉTAPE 1

Répondez aux questions sous les documents 1 à 5 p. 129-130.

TRAVAIL ORAL

ÉTAPE 2

Mettez-vous à la place du maire d'une commune française qui tente de convaincre les maires des communes voisines de créer une intercommunalité. Faites une présentation orale de 5 minutes pour convaincre vos interlocuteurs de participer au projet.

NOTION

▸ **Intercommunalité :** ensemble des organismes qui contribuent à rapprocher les communes désirant partager des compétences (transports, collecte des déchets, etc.).

Doc. 1 Les actions des intercommunalités

Doc. 2 Les actions de la communauté d'agglomération de Colmar

Conformément à la législation, Colmar agglomération exerce de plein droit, en lieu et place des communes membres, les compétences suivantes : [...]
– Création, aménagement, extension et gestion de terrains de camping intercommunaux et notamment le terrain de camping de Horbourg-Wihr-Colmar et le terrain de camping de Turckheim ;
– Actions de développement économique ;
– Promotion du tourisme dont la création d'offices de tourisme : création d'un office de tourisme communautaire par fusion-absorption de l'association de l'office de tourisme de Turckheim par celle de Colmar [...] ;
– Réalisation des aménagements nécessaires à l'accessibilité des équipements de transport (aménagement des stations, arrêts de bus et quais) ;
– Élaboration d'un schéma des pistes cyclables.

« Les compétences obligatoires, optionnelles et facultatives », www.agglo-colmar.fr, consulté le 6 mars 2019.

---

1 Entourez les types d'intercommunalités.

2 Quelles compétences sont partagées dans le cadre des intercommunalités ?

3 Regroupez les diverses compétences de la communauté d'agglomération de Colmar en plusieurs domaines d'activité, en les soulignant de couleurs différentes.

Doc. 3 — Les initiatives d'une communauté d'agglomération

Une du magazine de la communauté d'agglomération *Provence verte* (Var). ▲

4 Présentez la nature de ce document.

....

....

5 Entourez le message principal mis en avant.

Doc. 4 — Le dynamisme d'une métropole

Couverture du magazine de l'intercommunalité Angers Loire ▲ Métropole. La communauté urbaine compte trente communes, dont Angers (151 200 habitants).

6 Qui a produit ce document et à qui est-il destiné ?

....

7 Entourez les dimensions de l'aménagement mises en avant.

Doc. 5 — La commune de Magny-en-Vexin contre la communauté de communes Vexin-Val-de-Seine

La taxe professionnelle unique, instaurée depuis le 1er janvier 2017 dans la communauté de communes Vexin-Val-de-Seine, n'existe plus. Le tribunal administratif de Cergy-Pontoise vient d'annuler la délibération qui avait permis de la mettre en place.
5 Cette décision fait suite à un recours déposé par la municipalité de Magny-en-Vexin, dans un contexte de guerre ouverte entre la ville et l'intercommunalité. La fiscalité professionnelle unique permet à une communauté de communes de percevoir l'impôt versé par les entreprises implantées sur le secteur. Lorsque Vexin
10 Val-de-Seine a décidé de prendre à sa charge cette taxe, à la place des municipalités, Magny-en-Vexin a tout de suite exprimé son hostilité, s'estimant lésée. [...] « C'est une victoire importante et je pense que ce n'est que la première d'une série », ajoute le maire qui conteste également devoir payer le déficit accumulé par la
15 zone d'activité de la Demi-Lune.

Marie Persidat, « Magny-en-Vexin : la ville remporte une bataille judiciaire contre l'intercommunalité », *Le Parisien*, 19 avril 2019.

8 Pourquoi la commune de Magny-en-Vexin est-elle en conflit avec la communauté de communes Vexin-Val-de-Seine ?

....

....

....

9 Quel argument ou principe la communauté de communes peut-elle opposer à la commune de Magny-en-Vexin ?

....

....

....

....

Je vérifie mes connaissances

A **Reliez chaque terme à sa définition.**

a. Développement durable

b. Technopôle

c. Intercommunalité

1. Territoire consacré à l'innovation, où sont regroupés et coopèrent des centres de recherche, des universités et des grandes écoles, ainsi que des entreprises concurrentes.

2. Ensemble des organismes qui contribuent à rapprocher les communes désirant partager des compétences (transports, collecte des déchets, etc.).

3. Développement qui permet d'assurer les besoins des générations actuelles tout en préservant ceux des générations futures. Il repose sur trois piliers : économique, social et environnemental.

B **Citez trois acteurs majeurs de l'aménagement du territoire.**

- ....
- ....
- ....

C **À quoi sert l'intercommunalité ? Choisissez la (les) bonne(s) réponse(s).**

a. À associer leurs budgets et leurs compétences autour de projets communs.

b. À fusionner les communes.

c. Uniquement à financer le réseau de bus.

J'écris pour retenir

Complétez les phrases avec les mots suivants :

État – participative – inégalités – intercommunalités – acteurs.

L'aménagement du territoire permet de corriger les ....

Il est le fait d'...................................... variés.

À l'échelle nationale, le principal acteur est l'...................................... . Mais depuis les lois de décentralisation, d'autres acteurs à différentes échelles interviennent, comme les ....

Les habitants sont de plus en plus mobilisés et consultés pour débattre de ces questions d'aménagement. C'est ce que l'on appelle « la démocratie .... ».

Je suis capable de...

CAPACITÉS	OUI	NON
Je sais identifier les principaux acteurs d'un territoire.		
Je suis capable de compléter le croquis d'un paysage périurbain (lotissement, ZAC, échangeur).		
À partir d'exemples d'actions intercommunales, je sais montrer la coopération et la complémentarité des acteurs.		

Je m'entraîne

Doc. 1 — Autoroute et aménagement du territoire

Sur le pont qui enjambe le Rhône et permet à la route nationale 113 de traverser la ville d'Arles (Bouches-du-Rhône) (pour aller ou partir de Marseille), on peut compter une vingtaine de poids lourds en à peine une minute. [...] Le projet de contournement autoroutier par le sud de la ville se heurte à la vive opposition d'associations de défense de l'environnement comme Agir pour la Crau, Nature et Citoyenneté Crau Camargue Alpilles (Nacicca), l'Arles Camargue Environnement & Nature (ACEN). Vendredi 1er mars, elles accueillent les députés européens d'Europe Écologie Les Verts, Michèle Rivasi et José Bové, venus soutenir leur combat contre ce projet qui menace, selon elles, 900 hectares de terres agricoles et humides et sept sites Natura 2000. Le projet est ancien. Il y a vingt-cinq ans déjà, dix scénarios avaient été étudiés. [...] Le dossier est [...] mis en sommeil durant quelques années, notamment à cause de problèmes hydrauliques liés aux risques d'inondation.

Rémi Barroux, « Le projet de contournement routier d'Arles vivement contesté par les écologistes », *Le Monde*, 1er mars 2019.

Questions	Réponses
1. Présentez le projet d'aménagement. Quel acteur en est à l'origine ?	Arles connaît une forte affluence de poids lourds qui empruntent la route nationale 113 pour aller ou partir de Marseille. Ce trafic entraîne des embouteillages et des nuisances pour les riverains et pour l'environnement. Le projet de contournement autoroutier a été décidé par l'État.
2. Quels enjeux ce projet soulève-t-il ?	Des acteurs privés s'opposent au projet. C'est le cas des associations de défense de l'environnement comme Agir pour la Crau, Nacicca, etc. Ces associations ne sont pas composées uniquement de militants écologistes mais aussi d'habitants soucieux de leur environnement proche, local. Des acteurs publics viennent renforcer l'opposition. Il s'agit de députés européens, militants au sein d'un parti écologiste. Les opposants au projet soulignent le fait que le tracé de l'autoroute risque de nuire à une faune et une flore exceptionnelles. Le coût (près de 730 millions d'euros) est aussi un frein à l'adhésion des citoyens.
3. Montrez que cet aménagement est l'objet de négociations entre les acteurs.	Le projet est débattu depuis 25 ans. Des compromis ont été faits pour limiter les risques de crue, les coûts d'un tel aménagement et les nuisances pour les riverains. Les députés de l'Assemblée nationale discutent aussi le projet. Des enquêtes d'experts sont menées et des « recours » sont envisagés de la part des opposants.

J'applique

1. Présentez le projet d'aménagement. Quel acteur en est à l'origine ?

2. Quels enjeux ce projet soulève-t-il ?

3. Montrez que cet aménagement est l'objet de négociations entre les acteurs.

⟶ Faites votre travail sur une feuille séparée.

Doc. 2 — Un nouveau port industriel à Achères (Yvelines)

Après trois ans de concertation autour du vaste projet de port industriel Seine-Métropole-Ouest à Achères, les grandes lignes sont en train d'émerger. Haropa-Port-de-Paris[1] souhaite implanter une plate-forme de 100 hectares pour favoriser le transport fluvial des matériaux de construction, notamment ceux issus des chantiers du Grand-Paris.

[...] La création de la darse (c'est-à-dire d'un bassin intérieur) doit permettre de concentrer les activités de chargement et déchargement à l'intérieur du port et préserver les riverains des nuisances. « La concertation a notamment permis de mieux connaître le territoire et de redéfinir l'esplanade de la darse. Le projet a ainsi été redessiné et nous sommes passés de 15 % à 19 % d'espaces verts. Ce port doit devenir un quartier de ville à part entière avec circulation pour vélos, promenades en bords de Seine [...] », affirme Sébastien Hennick, directeur de l'aménagement d'Haropa-Port-de-Paris. Autre engagement de l'établissement : l'utilisation maximale du fleuve et du chemin de fer avec une diminution du nombre de camions en circulation. [...]

Alain Piffaretti, « Achères : les contours du port industriel se précisent », *Les Échos*, 6 février 2019.

1. Haropa-Port-de-Paris est un établissement qui gère les ports de la région parisienne.

1 Devenir citoyen, de l'École à la société

INTRODUCTION

Être citoyen, c'est avoir des droits garantis par l'État et des devoirs envers la communauté nationale. Devenir citoyen s'apprend, à l'école ou bien au sein de la société, dans le cadre d'associations ou de syndicats par exemple.

PROBLÉMATIQUES

▸ Quels sont les principaux droits ou devoirs du citoyen ?

▸ Comment puis-je m'engager ?

DES CLÉS POUR COMPRENDRE

🌀 Qu'est-ce que la citoyenneté ?

➡ La **citoyenneté** est le fait pour un individu d'être reconnu officiellement comme citoyen, c'est-à-dire membre d'une communauté nationale. La citoyenneté implique des droits et des devoirs.
Des droits : il s'agit de ce que les citoyens peuvent faire dans le cadre défini par la loi.
Des devoirs : c'est l'ensemble des obligations qui s'imposent aux citoyens.

➡ **Ne pas confondre citoyenneté et civisme**

Le civisme : c'est le respect que l'on doit aux autres et à la collectivité. C'est une qualité du citoyen qui respecte les droits des autres et remplit ses devoirs.

Le droit de vote est l'un des droits garantis aux citoyens. ▲

Doc. 1 Obtenir la citoyenneté française

Cérémonie d'accueil dans la citoyenneté française à Vannes (Bretagne), 2014. ▲

QUESTIONS

1. Qui cette cérémonie rassemble-t-elle ?

....

....

2. Quels sont les symboles visibles de la République ?

....

....

3. D'après vous, pourquoi un drapeau européen est-il sorti lors de cette cérémonie ?

....

....

1 Quels sont les droits et les devoirs des citoyens français ?

DÉMARCHE

ÉTAPE 1

Groupe 1

Complétez le tableau suivant à partir des documents 1 à 4 p. 136.

	La Charte des droits et des devoirs	La Charte de l'environnement
Quel est le but du document ?		
À qui s'adresse le texte ?		
Le logo : quel est son sens ?		

Groupe 2

Complétez le tableau ci-dessous à l'aide des documents 1 à 3.

Les droits des citoyens	Les devoirs des citoyens

ÉTAPE 2

Après que chaque groupe a présenté son travail, complétez le texte suivant :

Être citoyen français signifie avoir des .... (droit de vote, droit de manifester) et des .... (payer l'impôt, respecter les lois). Certains droits ne sont détenus que par les citoyens. Il s'agit, par exemple, du droit de ...., du droit d'être élu ou du droit de militer dans un parti politique. Ces droits forment la citoyenneté politique. D'autres droits sont universels et concernent .... qui résident sur le territoire français : le droit à l'éducation, le droit d'être soigné, les droits liés à l'environnement.

• PROJET

ÉTAPE 3

Faites une recherche sur les conditions requises pour qu'un étranger obtienne la nationalité française. Vous pourrez consulter le site officiel suivant : https://www.service-public.fr/particuliers/vosdroits/N111

Doc. 1 Droits et devoirs des citoyens

La Charte des droits et devoirs du citoyen français doit être signée par toute personne qui demande la nationalité française. Elle est également remise à l'ensemble des jeunes participant à la journée défense et citoyenneté.

Tout citoyen français concourt à la défense [...] de la Nation.

Chacun a le devoir de contribuer, selon ses capacités financières, aux dépenses de la
5　Nation par le paiement d'impôts et de cotisations sociales.

La Nation garantit à tous la protection de la santé, la sécurité matérielle et le droit à des congés. Toute personne qui, en raison de son
10　âge, de son état physique ou mental, de sa situation économique, se trouve dans l'incapacité de travailler a le droit d'obtenir de la collectivité des moyens convenables d'existence.

À la qualité de citoyen français s'attachent en
15　outre des droits et devoirs particuliers, tels que le droit de participer à l'élection des représentants du peuple et le devoir de concourir à la défense nationale ou de participer aux jurys d'assises.

Extraits de la Charte des droits et devoirs
du citoyen français du 30 janvier 2012.

Doc. 2 Les libertés des citoyens

Le respect dû à la personne interdit toute atteinte à sa dignité.

Nul ne peut être inquiété pour ses opinions pourvu que leur manifestation ne trouble pas
5　l'ordre public. Tout citoyen peut parler, écrire, imprimer librement.

Chacun a droit au respect de sa vie privée.

Nul ne peut être accusé, arrêté ni détenu que dans les cas déterminés par la loi. Chacun est
10　présumé innocent tant qu'il n'a pas été jugé coupable.

Chacun a la liberté de créer une association ou de participer à celles de son choix. Il peut adhérer librement aux partis politiques et
15　défendre ses droits et ses intérêts par l'action syndicale.

Chaque citoyen ayant la qualité d'électeur peut faire acte de candidature dans les conditions prévues par la loi.
20　Chacun a droit au respect des biens dont il a la propriété.

Extraits de la Charte des droits et devoirs
du citoyen français du 30 janvier 2012.

Doc. 3 Des droits et des devoirs environnementaux

La Charte de l'environnement définit des droits et des devoirs fondamentaux en matière d'environnement. Elle concerne l'ensemble des personnes vivant en France.

Article 1er. Chacun a le droit de vivre dans un environnement équilibré et respectueux de la santé.

Article 2. Toute personne a le devoir de
5　prendre part à la préservation et à l'amélioration de l'environnement.

Article 3. Toute personne doit, dans les conditions définies par la loi, prévenir les atteintes qu'elle est susceptible de porter à l'environ-
10　nement ou, à défaut, en limiter les conséquences.

Article 4. Toute personne doit contribuer à la réparation des dommages qu'elle cause à l'environnement, dans les conditions définies
15　par la loi.

Extraits de la Charte de l'environnement de 2005.

Doc. 4 Un logo

Logo officiel de la Charte de l'environnement.

2 Comment être citoyen dans son quotidien ?

DÉMARCHE

TRAVAIL INDIVIDUEL

ÉTAPE 1

Répondez aux questions sous les documents 1 à 3.

TRAVAIL ORAL

ÉTAPE 2

Présentez le bilan de votre travail à l'oral.
Vous devez préparer une présentation orale du travail fait à l'étape 1.
Votre présentation doit commencer par : « Les documents nous présentent trois formes d'engagement qui sont l'engagement .... (doc. 1), l'engagement .... (doc. 2) et le .... (doc. 3). Je connais d'autres formes d'engagement quotidien comme .... »

Doc. 1 L'engagement politique

Plus de la moitié des jeunes de 15 à 30 ans considèrent la politique comme importante et préfèrent des formes d'engagement telles que signer des pétitions,
5 manifester ou relayer des campagnes *via* les réseaux sociaux, plutôt que d'adhérer à un parti ou un syndicat.

Éric Cabanis, « Pour les jeunes, l'engagement politique ne passe pas forcément par le parti », *20 minutes*, avec AFP, 12 février 2014.

1 Quelles sont les différentes façons de s'engager en politique ?

Doc. 2 Le civisme au quotidien

Le civisme est l'affaire de tous et doit concerner chacune et chacun. Les incivilités sont fréquentes, cela va du bruit aux déjections canines laissées sur le trottoir ou la chaussée, en passant par le non-respect des
5 règles élémentaires de savoir-vivre.
Aussi, pour un meilleur vivre ensemble, il est important que chaque habitant soit respectueux des autres. Merci d'être attentif à faire preuve de civisme, l'ensemble des habitants n'en vivra que mieux à Habsheim !

Message du maire adressé aux habitants d'Habsheim (Bas-Rhin).

2 Que demande le maire aux habitants de sa commune ?

3 En quoi le civisme est-il une forme d'engagement ?

Doc. 3 **Aider les autres**

◀ Une bénévole vient en aide à une femme SDF à Strasbourg.

4 Pour quelle association travaille cette bénévole ?

....

5 Comment s'engage-t-elle pour aider les autres ?

....
....
....
....

Notes pour l'oral

....
....
....
....
....
....
....
....

3 Comment s'engager pour exercer sa citoyenneté ?

DÉMARCHE

ÉTAPE 1

Répondez aux questions sous les documents 1 et 2.

Doc. 1 Un engagement international

Les jeunes Bordelais vont-ils sécher massivement les cours et se mobiliser pour le climat vendredi 15 mars ? Un appel a été lancé en ce sens par la plateforme Youth for
5 climate. Elle fait suite à l'appel de la jeune Suédoise Greta Thunberg, dont le discours a été très remarqué à la Cop 24. L'adolescente a pris l'habitude de manifester devant le Parlement suédois chaque vendredi afin de
10 demander le respect des accords de Paris pour le climat. Sa démarche a déjà fait des émules à travers l'Europe et l'Australie.
À Bordeaux, le mouvement prend forme, comme dans 134 villes de France. Plus de
15 700 personnes se sont déjà inscrites sur la page Facebook de l'évènement bordelais en tant que participants. Ils sont 3 600 à se montrer « intéressés ». « Les 17 et 18 janvier 2019, plus de 60 000 jeunes se sont
20 mis en grève en Suède, en Allemagne, en Belgique, en Suisse et en Italie. Nous nous mobilisons donc également en France pour porter la voix des jeunes face à l'urgence climatique », écrivent les organisateurs.

Maïté Koda, « La grève mondiale des jeunes pour le climat passera aussi par Bordeaux », *France 3 Nouvelle Aquitaine*, 10 mars 2019.

1 **Pour quelle cause s'engagent ces jeunes ?**

....

....

2 **Montrez qu'il s'agit d'un engagement international.**

....

....

....

NOTION

▸ **Engagement :** c'est la participation volontaire et désintéressée à un projet politique, syndical ou associatif. Cela peut également désigner la défense d'une cause qui dépasse notre propre intérêt.

Doc. 2 Un engagement local

« J'en avais marre de voir le château dans cet état », explique Antonin Grenier. Le jeune homme de 16 ans, qui habite Fontenay-Trésigny, a créé début avril un groupe public sur Facebook, intitulé
5 « Château du duc d'Épernon », ayant pour but de mobiliser les internautes pour la restauration de ce site.

Jessica Chen, « Fontenay-Trésigny : un ado de 16 ans se mobilise pour sauver le château », *Le Parisien*, 26 avril 2016.

3 **Quel est l'engagement d'Antonin Grenier ?**

....

....

....

4 **Comment essaie-t-il de sensibiliser le public à sa cause ?**

....

....

....

....

DÉMARCHE

ÉTAPE 2

- Recherchez dans l'actualité différentes façon de s'engager pour exercer sa citoyenneté. Grâce à cette recherche, complétez le tableau.

Forme de l'engagement	Cet engagement se passe à l'échelle locale (une ville), nationale (un pays) ou internationale (plusieurs pays) ?	Cet engagement est-il efficace ?	Quelles limites ou quels obstacles cette forme d'engagement rencontre-t-elle ?

- Présentez oralement le résultat de votre recherche en reprenant les intitulés des colonnes.

4 Comment l'État protège-t-il les citoyens français ?

DÉMARCHE

TRAVAIL INDIVIDUEL

ÉTAPE 1

Groupe 1
Répondez aux questions sous les documents 1 à 3, p. 141-142.

ÉTAPE 2

À partir de vos réponses aux questions, complétez le texte suivant.

La Constitution fixe au .... la mission de garantir l'indépendance nationale, l'intégrité du territoire et la défense nationale. Pour remplir ces missions, le président dispose de l'armée et des forces de sécurité intérieure : ...., ..., et des services de secours comme les .... Certaines communes disposent d'une .... qui fait respecter les règles du quotidien.

Doc. 1 — Des forces de secours pour protéger les populations

▲ En cas de catastrophe, le plan ORSEC est déclenché. Ce plan organise les secours.

1 Entourez les acteurs qui interviennent en cas de catastrophe pour garantir notre sécurité.

Doc. 2 Ce que dit la loi

Article 5. Le président de la République est le garant de l'indépendance nationale, de l'intégrité du territoire et du respect des traités.

Article 15. Le président de la République est
5 le chef des armées. Il préside les conseils et comités supérieurs de la Défense nationale.

Constitution de la Ve République.

VOCABULAIRE

▸ **Armée :** ensemble des forces militaires d'un État.

▸ **Défense :** ensemble des moyens mis en œuvre par l'État pour défendre et protéger le territoire national et les citoyens.

▸ **Gendarmerie :** force militaire chargée de la sécurité publique.

▸ **ORSEC :** le dispositif ORSEC (ORganisation des SECours) est un système de gestion de crise qui fait intervenir différents acteurs.

▸ **Police :** force civile chargée de la sécurité publique.

▸ **Sécurité nationale :** ensemble des moyens militaires et civils utilisés pour protéger les intérêts de l'État.

2 Quel est le rôle du président de la République en matière de sécurité ?

....

....

Doc. 3 Les forces de sécurité

a. La police nationale

Ses missions principales : la sécurité et la paix publique, le renseignement et enquêter sur les crimes et délits. ▲

b. La gendarmerie

◀ Ses missions principales : la sécurité et la paix publique, la défense du pays et enquêter sur les crimes et délits.

c. La police municipale

Les agents de la police municipale peuvent dresser des contraventions pour insalubrité. Pour exemple, un riverain a été dernièrement verbalisé pour avoir déposé ses ordures
5 ménagères sur le trottoir. Il a dû s'acquitter de la somme de 68 €.

Les agents de la police municipale sont donc chargés de faire respecter les règles de stationnement et de dresser les contraventions
10 qui s'imposent (135 € pour un stationnement gênant).

Les agents de la police municipale sont également amenés à intervenir sur des faits de tapage diurne ou nocturne, ou d'incivilité.
15 Durant votre absence de plusieurs jours, la police municipale peut assurer des passages réguliers autour de votre domicile. Ce service est entièrement gratuit.

Site de la ville de Coulommiers.

3 Quelles sont les différences de mission entre la police, la gendarmerie et la police municipale ?

....

....

4 Quel est leur point commun ?

....

5 Comment l'État s'organise-t-il pour faire face aux nouvelles menaces ?

DÉMARCHE

ÉTAPE 1

Répondez aux questions sous les documents 1 et 2.

ÉTAPE 2

Présentez à l'oral les nouvelles menaces qui existent et pour chacune la réponse qui est apportée. Votre présentation doit commencer par : « Aujourd'hui, les nouvelles menaces qui pèsent sur notre pays sont... »

Doc. 1 Les trois niveaux du plan Vigipirate

URGENCE ATTENTAT
Vigilance et protection maximum en cas de menace imminente d'un acte terroriste ou à la suite immédiate d'un attentat.

Concerne l'ensemble du territoire ou peut être ciblée sur une zone géographique.

Mesures exceptionnelles pour prévenir tout risque d'attentat imminent ou de sur-attentat.

Mesures exceptionnelles d'alerte de la population.

Durée limitée à la gestion de crise.

SÉCURITÉ RENFORCÉE – RISQUE ATTENTAT
Face à un niveau élevé de la menace terroriste.

Concerne l'ensemble du territoire ou peut être ciblée sur une zone géographique et/ou un secteur d'activité particulier.

Mesures permanentes de sécurité renforcées par des mesures additionnelles.

Pas de limite de temps définie.

VIGILANCE

Posture permanente de sécurité valable en tout temps et en tout lieu.

Nombreuses mesures permanentes de sécurité.

1 Dans quel cas le plan Vigipirate est-il déclenché ?

....
....
....
....
....
....
....
....
....

2 Quels sont les trois niveaux du plan Vigipirate ?

....
....
....
....
....
....
....
....

Doc. 2 Le risque de cyberattaque

Une vague de cyberattaques a touché plusieurs pays, dont la France. [...]
3 000 ouvriers sont au chômage partiel ce lundi 15 mai. À Douai (Nord), la production de l'usine Renault est quasi à l'arrêt.
5 Une conséquence directe de la cyberattaque massive. La direction a décidé de suspendre ses lignes de production le temps de sécuriser tous les systèmes informatiques pour stopper la propagation du virus.
10 Une partie de la production devrait reprendre ce lundi à 21 heures, avant une reprise totale prévue demain matin.
Au total, pour le groupe Renault, le préjudice
15 pourrait atteindre plusieurs millions d'euros. Une dizaine d'autres entreprises françaises aurait été touchées.

« Cyberattaque : quels dégâts sur les entreprises en France ? », France 2, 15 mai 2017.

L'ANSSI est chargée d'assurer un service de veille, de détection, d'alerte et de réaction aux attaques informatiques, notamment sur les réseaux de l'État.

3 Qu'est-ce qu'une cyberattaque ?

....

....

....

....

....

4 Quelles sont les conséquences de cette attaque ?

....

....

....

....

5 Quelle autorité lutte contre les cyberattaques ?

....

....

....

....

....

Notes pour l'oral

....

....

....

....

....

....

....

....

....

....

6 Comment les citoyens peuvent-ils être des acteurs de la défense nationale ?

DÉMARCHE

TRAVAIL INDIVIDUEL • **ÉTAPE 1**

Répondez aux questions sous les documents 1 et 2.

Doc. 1 — La journée défense et citoyenneté

Journée Défense et Citoyenneté

L'organisation de ma JDC, maintenant c'est en ligne !

ANIMATEUR   ENCADRANT   MAIRE   PARTENAIRE

J'ai entre 16 et 25 ans   Je m'inscris en quelques clics   Je m'informe de A à Z

RENDEZ-VOUS SUR MAJDC.FR

SECRÉTARIAT GÉNÉRAL POUR L'ADMINISTRATION
DIRECTION DU SERVICE NATIONAL ET DE LA JEUNESSE

1 Qu'est-ce que la journée défense et citoyenneté ?

....
....
....
....

2 Qui est concerné ?

....
....
....
....

Doc. 2 — Le service national universel (SNU)

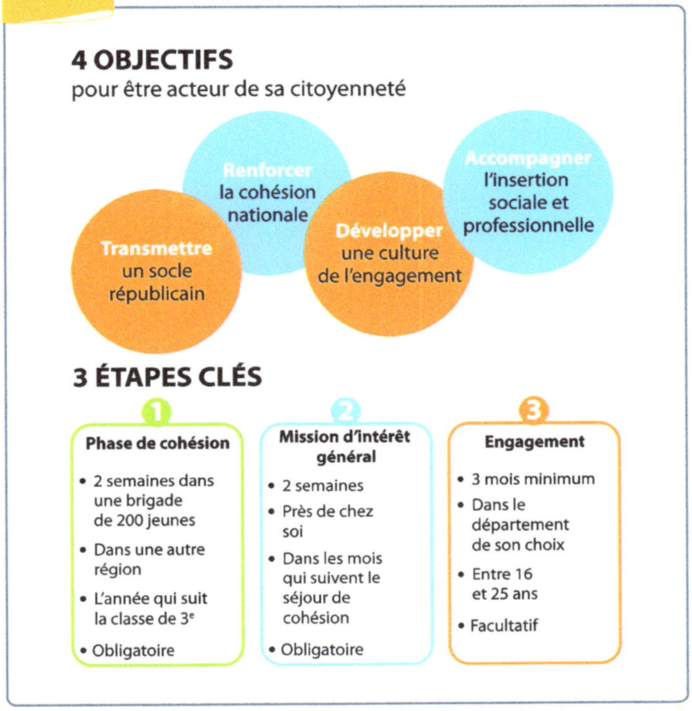

4 OBJECTIFS
pour être acteur de sa citoyenneté

- **Transmettre** un socle républicain
- **Renforcer** la cohésion nationale
- **Développer** une culture de l'engagement
- **Accompagner** l'insertion sociale et professionnelle

3 ÉTAPES CLÉS

1 Phase de cohésion
- 2 semaines dans une brigade de 200 jeunes
- Dans une autre région
- L'année qui suit la classe de 3ᵉ
- Obligatoire

2 Mission d'intérêt général
- 2 semaines
- Près de chez soi
- Dans les mois qui suivent le séjour de cohésion
- Obligatoire

3 Engagement
- 3 mois minimum
- Dans le département de son choix
- Entre 16 et 25 ans
- Facultatif

Le service national universel est une mesure qui a été adoptée en 2018. ▲

3 Le SNU a-t-il pour seul objectif la défense du territoire ?

....
....
....
....
....

4 Quelles sont les principales différences avec le service militaire et avec la JDC ?

....
....
....
....
....

DÉMARCHE

TRAVAIL COLLABORATIF

ÉTAPE 2

1. Rendez-vous sur le site de la défense nationale, à l'adresse https://www.reservistes.defense.gouv.fr.
2. Cliquez sur les images ci-contre.
3. Recopiez et complétez le tableau suivant.

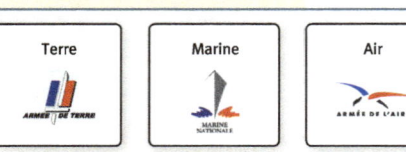

	Réserve de l'Armée de terre	Réserve de la Marine	Réserve de l'Armée de l'air
Comment devient-on réserviste ?			
Quelles sont les missions des réservistes ?			

ÉTAPE 3

Rédigez un texte sur une feuille séparée qui explique comment les citoyens peuvent être acteurs de la défense nationale. Ce texte doit comporter les expressions suivantes : *citoyens, défense, service national universel, réserviste.*

2 Liberté et démocratie

INTRODUCTION

La France, État de droit, État démocratique, a mis en place depuis plus de 200 ans des lois qui garantissent les libertés individuelles et collectives.

PROBLÉMATIQUES

▸ La loi est-elle une condition ou une limite à ma liberté ?

▸ Puis-je tout dire et tout écrire ?

DES CLÉS POUR COMPRENDRE

◖ Libertés… État de droit… de quoi s'agit-il ?

➡ Les citoyens disposent de **libertés individuelles**, c'est-à-dire de libertés qu'ils exercent pour eux-mêmes : liberté de parole, de conscience, d'expression, liberté religieuse, etc. Ils disposent également de **libertés collectives**, c'est-à-dire de libertés qui ne peuvent s'exercer qu'à plusieurs : liberté syndicale, droit de manifester, etc.

➡ Les libertés sont garanties par la loi, à laquelle tout le monde est soumis dans un État de droit.
Un **État de droit** est un État dans lequel tout le monde doit être soumis au droit. Dans un État de droit, les gouvernés comme les gouvernants doivent obéir à la loi et se soumettre à la justice.

Doc. 1 *La Liberté guidant le peuple,* peinture d'Eugène Delacroix (1830)

Cette célèbre toile, conservée au musée du Louvre, évoque la Révolution de 1830 dite « des Trois Glorieuses »,
qui vit le peuple parisien se soulever contre le régime de Charles X et le renverser.

QUESTIONS

1. Comment est représentée l'idée de liberté ?

....

....

....

....

....

2. Entourez les symboles républicains présents sur ce tableau.

1 Quelles sont les différences entre libertés individuelles et libertés collectives ?

DÉMARCHE

TRAVAIL INDIVIDUEL

ÉTAPE 1

Répondez aux questions sous les documents 1 et 2.

ÉTAPE 2

Complétez le texte suivant en vous aidant des documents et des réponses aux questions.

Dans une démocratie, l'État protège les citoyens, y compris les mineurs, et leur garantit des libertés .... ou des libertés

....

Ces libertés s'exercent dans le cadre de la loi et elles ne sont pas sans limites : ainsi la liberté d'.. ne signifie pas que l'on peut tout dire ou tout écrire.

Doc. 1 Libertés individuelles et libertés collectives des mineurs

Article 12. L'enfant a le droit, dans toute question ou procédure le concernant, d'exprimer librement son opinion et de voir cette opinion prise en considération.

5 **Article 13.** L'enfant a le droit d'exprimer ses vues, d'obtenir des informations et de faire connaître des idées et des informations, sans considération de frontières.

Article 14. L'État respecte le droit
10 de l'enfant à la liberté de pensée, de conscience et de religion, dans le respect du rôle de guide joué par les parents.

Article 15. Les enfants ont le droit de se réunir et d'adhérer à des associations
15 ou d'en former.

Article 16. L'enfant a le droit d'être protégé contre toute immixtion dans sa vie privée, sa famille, son domicile et sa correspondance, et contre les atteintes illé-
20 gales à son honneur.

Convention internationale des droits de l'enfant – Version simplifiée de l'UNICEF.

1 Quelles sont les libertés individuelles dont disposent les mineurs ?

....

....

....

....

2 Listez les libertés collectives dont disposent les mineurs.

....

....

....

....

....

Doc. 2 L'exercice des libertés collectives par les lycéens

Les publications rédigées par les élèves peuvent être diffusées librement au lycée uniquement. Le chef d'établissement a le pouvoir d'interdire ou de suspendre la diffusion d'un texte, sous réserve d'informer le conseil d'administration, si les écrits présentent un caractère injurieux ou diffamatoire ou portent une atteinte grave aux droits d'autrui ou à l'ordre public. Ces propos sont susceptibles de constituer une faute de l'élève en cause, voire d'engager sa responsabilité civile ou celle de ses représentants légaux s'il est mineur.

Extrait du règlement intérieur du lycée Louis Davier, Joigny (académie de Dijon).

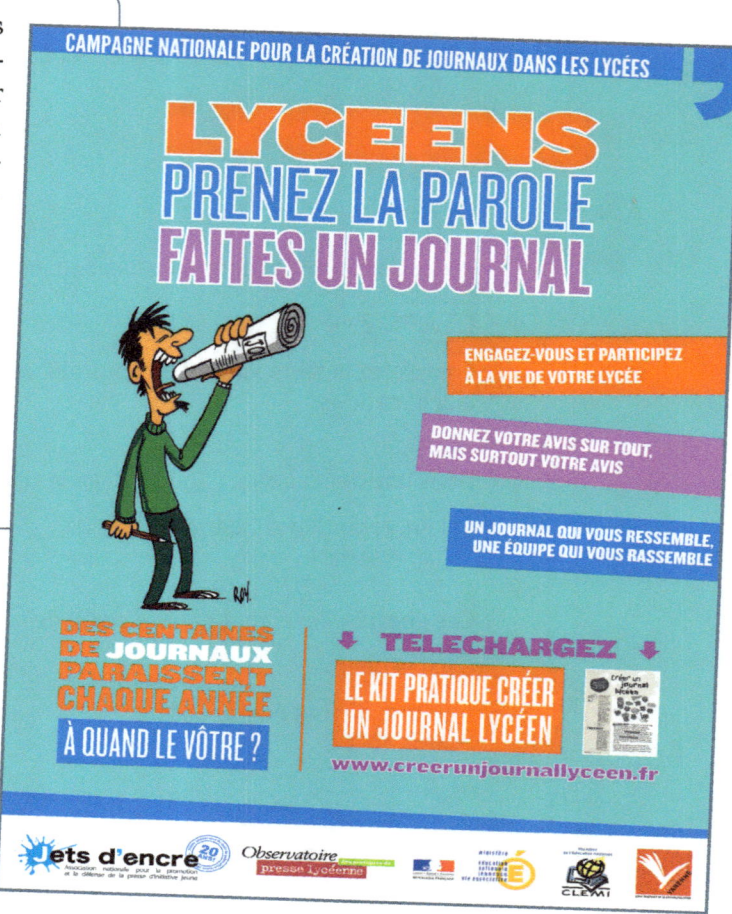

3 Dans quel cas le chef d'établissement peut-il interdire ou suspendre le journal ?

....

....

....

....

4 Ai-je le droit de tout écrire dans le journal du lycée ?

....

....

....

....

En quoi les nouvelles technologies interrogent-elles nos libertés ?

DÉMARCHE

ÉTAPE 1

Répondez aux questions sous les documents 1 et 2.

Doc. 1 Filles et garçons face au cyberharcèlement

6 à 7,5 %
des élèves (filles et garçons) réalisent des selfies intimes

3 filles par classe sont victimes de cybersexisme

1 fille sur 11 a vu des photos ou des vidéos d'elle modifiées ou diffusées sans son accord

Un peu moins de 1 fille sur 6 a reçu des sextos[1] alors qu'elle n'en avait pas envie

4 % des filles ont dû réaliser des selfies sous la contrainte[2]

2 garçons par classe sont victimes de cybersexisme

1 garçon sur 15 a vu des photos ou des vidéos de lui modifiées ou diffusées sans son accord

1 garçon sur 10 a reçu des sextos[1] alors qu'il n'en avait pas envie

1,4 % des garçons ont dû réaliser des selfies sous la contrainte

[1] Textos, photos ou vidéos à caractère sexuel
[2] Le plus souvent par leur petit ami

Source : Centre Hubertine Auclert

1 Qu'est-ce que le cyberharcèlement ?

....
....
....

2 Quelles formes peut prendre le cyberharcèlement ?

....
....
....

3 Quelle liberté individuelle est mise en cause ?

....
....
....

VOCABULAIRE

▸ **Cyberharcèlement :** harcèlement mené à partir d'outils numériques et plus particulièrement à partir des réseaux sociaux. Le cyberharcèlement est facilité par l'anonymat.

▸ *Fake news* **:** fausses informations qui circulent *via* Internet en dehors des médias traditionnels.

Doc. 2 Protéger les citoyens contre les *fake news*

Article 11. Les opérateurs de plate-forme en ligne mettent en œuvre des mesures en vue de lutter contre la dif-fusion de fausses informations suscep-
5 tibles de troubler l'ordre public ou d'al-térer la sincérité des élections.
Ils mettent en place un dispositif faci-lement accessible et visible permettant à leurs utilisateurs de signaler de telles
10 informations.

Loi du 22 décembre 2018.

4 Quel est le but de cette loi ?

....
....
....

5 En quoi protège-t-elle nos libertés ?

....
....
....

DÉMARCHE

ÉTAPE 2

Organiser un débat en groupe :
- Préparer le débat
1. Copiez et complétez le tableau en groupe.

Pourquoi lutter contre le cyberharcèlement ?	Comment lutter contre le cyberharcèlement ?	Comment aider les victimes de cyberharcèlement ?

2. Chaque groupe doit proposer une réponse à la question suivante :
Faut-il interdire certaines pratiques numériques pour garantir la sécurité des personnes ?
- Rendre compte des débats au sein du groupe

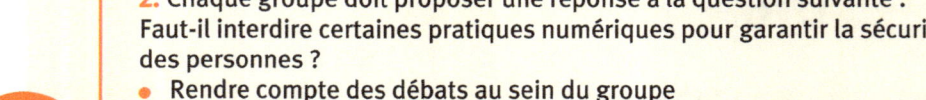

Dans chaque groupe, une personne est désignée pour présenter le tableau et la réponse à la question au reste de la classe.

Notes pour le débat

3 Comment le principe de laïcité s'applique-t-il ?

DÉMARCHE

ÉTAPE 1

Répondez aux questions sous les documents 1 à 4, p. 153-154.

ÉTAPE 2

Faites une recherche sur la loi de 1905 : qui l'a défendue ? Pourquoi ? Qui s'y opposait ? Pourquoi ? Préparez une courte présentation orale sur ce thème.

Doc. 1 La loi de 1905

Article 1. La République assure la liberté de conscience. Elle garantit le libre exercice des cultes.

Article 2. La République ne recon-
5 naît, ne salarie, ni ne subventionne aucun culte.

Article 28. Il est interdit, à l'avenir, d'élever ou d'apposer aucun signe ou emblème religieux sur les monu-
10 ments publics ou en quelque empla-
cement public que ce soit, à l'excep-
tion des édifices servant au culte, des terrains de sépulture dans les cime-
tières, des monuments funéraires,
15 ainsi que des musées ou expositions.

Loi de séparation des Églises et de l'État,
9 décembre 1905.

1 Comment cette loi montre-t-elle que l'État et les religions sont séparés ?

....

....

....

2 Pourquoi est-il interdit d'afficher des signes religieux sur les bâtiments publics ?

....

....

....

....

NOTIONS

▸ **Laïcité :** principe qui garantit la liberté des cultes et la neutralité de l'État en matière religieuse. Le principe de laïcité est un principe républicain qui trouve son origine dans la Déclaration des droits de l'homme et du citoyen de 1789.

▸ **Liberté de conscience :** liberté dont dispose chaque individu de choisir ses idées philosophiques ou religieuses.

Doc. 2 La Constitution de la Vᵉ République

Article 1. La France est une République indivisible, laïque, démocratique et sociale. Elle assure l'égalité devant la loi de tous les citoyens sans distinc-
5 tion d'origine, de race ou de religion. Elle respecte toutes les croyances.

Constitution de la Vᵉ République,
4 octobre 1958.

3 Le principe de laïcité interdit-il les croyances religieuses ?

....

....

....

....

....

Doc. 3 — Un conseil de la laïcité à Bagnolet

Adoptée sous la IIIᵉ République [...], la loi du 9 décembre 1905 a eu pour but de conserver la liberté de chacun à pratiquer ou non une religion. [...] Le maire et les élus sont confrontés à de nombreuses questions pour appréhender les contours du principe du vivre ensemble.

5 Elles sont d'autant plus présentes dans les villes où de nombreuses communautés culturelles et religieuses cohabitent. Ainsi, ces dernières années, des collectivités se sont dotées d'un conseil de la laïcité. C'est le cas des villes de Tourcoing, Évry ou Toulouse. À Bagnolet, le conseil de la laïcité a vocation à être une structure de débat en faveur

10 du vivre ensemble, de la diversité et de l'apaisement.
Cette instance permettra aux acteurs religieux et laïcs de se rencontrer, de débattre, d'anticiper les problématiques concernant la laïcité, d'étudier les questions relevant des compétences municipales et qui intéressent le vivre ensemble et le fait religieux et de répondre aux

15 questions des habitants.

Mairie de Bagnolet, communiqué du 4 janvier 2019.

4 Expliquez pour quelles raisons certaines villes ont mis en place un conseil de la laïcité.

....

....

....

5 Qui participe au conseil de la laïcité ?

....

6 Soulignez les mots ou expressions qui désignent les valeurs défendues par le conseil de la laïcité.

Doc. 4 — Laïcité et construction d'un lieu de culte

Prières devant l'imposante statue de Bouddha et plats végétariens : pour récolter les fonds nécessaires à la construction, débutée en 1995, de la pagode Khanh-Anh d'Évry, des centaines de fidèles ont organisé dimanche

5 comme chaque année un déjeuner géant précédé de prières. [...]
« Elle est construite au fur et à mesure des dons, c'est pour ça que c'est si long », explique Kim Ngon Ong, du comité Lotus qui pilote l'édification de ce lieu de culte.

10 Lors du déjeuner en 2010, « nous avions récolté entre 15 000 et 20 000 euros. Cette année, nous espérons la même chose. Peut-être même un peu plus », sourit le Grand Vénérable Thich Minh Tam, président de la congrégation bouddhique vietnamienne en Europe et président de l'association bouddhiste Khanh-Anh, qui regroupe les pagodes de Bagneux (Hauts-de-

15 Seine) et Évry.

« Un repas autour de Bouddha pour financer la construction de la pagode d'Évry », *L'Express*, avec AFP, 30 octobre 2011.

La pagode d'Évry. ▲

7 En quoi la construction du temple bouddhiste d'Évry respecte-t-elle les principes de la laïcité ? Aidez-vous des articles 1 et 2 de la loi de 1905. (doc. 1)

....

....

....

Notes pour l'oral

....

....

....

....

4 Comment fonctionne le principe de laïcité à l'école ?

 **ÉTAPE 1**

Complétez le tableau suivant à partir des extraits de la Charte de la laïcité.

Droits et libertés	Restrictions et interdictions

 ÉTAPE 2

Présentez à l'oral la Charte de la laïcité à l'école.
- Vous devez d'abord rappeler de quand date cette charte et ce qu'est la laïcité.
- Vous devez expliquer quels sont les droits et les libertés garantis par cette charte (1re colonne du tableau de l'étape 1).
- Vous devez expliquer quelles sont les restrictions et les interdictions que cette charte impose (2e colonne du tableau de l'étape 1).

Doc. 1 Extraits de la Charte de la laïcité (2014)

3 La laïcité garantit la liberté de conscience à tous. Chacun est libre de croire ou de ne pas croire. Elle permet la libre expression de ses convictions, dans le respect de celles d'autrui et dans les limites de l'ordre public.

4 La laïcité permet l'exercice de la citoyenneté, en conciliant la liberté de chacun avec l'égalité et la fraternité de tous dans le souci de l'intérêt général.

6 La laïcité de l'École offre aux élèves les conditions pour forger leur personnalité, exercer leur libre arbitre et faire l'apprentissage de la citoyenneté. Elle les protège de tout prosélytisme et de toute pression qui les empêcheraient de faire leurs propres choix.

7 La laïcité assure aux élèves l'accès à une culture commune et partagée.

8 La laïcité permet l'exercice de la liberté d'expression des élèves dans la limite du bon fonctionnement de l'École comme du respect des valeurs républicaines et du pluralisme des convictions.

9 La laïcité implique le rejet de toutes les violences et de toutes les discriminations, garantit l'égalité entre les filles et les garçons et repose sur une culture du respect et de la compréhension de l'autre.

11 Les personnels ont un devoir de stricte neutralité : ils ne doivent pas manifester leurs convictions politiques ou religieuses dans l'exercice de leurs fonctions.

12 Les enseignements sont laïques. Afin de garantir aux élèves l'ouverture la plus objective possible à la diversité des visions du monde ainsi qu'à l'étendue et à la précision des savoirs, aucun sujet n'est a priori exclu du questionnement scientifique et pédagogique. Aucun élève ne peut invoquer une conviction religieuse ou politique pour contester à un enseignant le droit de traiter une question au programme.

13 Nul ne peut se prévaloir de son appartenance religieuse pour refuser de se conformer aux règles applicables dans l'École de la République.

14 Dans les établissements scolaires publics, les règles de vie des différents espaces, précisées dans le règlement intérieur, sont respectueuses de la laïcité. Le port de signes ou tenues par lesquels les élèves manifestent ostensiblement une appartenance religieuse est interdit.

5 Comment la laïcité s'applique-t-elle dans les entreprises ?

DÉMARCHE

TRAVAIL INDIVIDUEL

ÉTAPE 1

Répondez aux questions sous les documents 1 à 2.

ÉTAPE 2

Complétez le texte suivant à partir des documents et des définitions.

Les agents de l'État, appelés ...., doivent respecter

le principe de ....

Dans le cadre de son ...., un fonctionnaire ne peut

pas afficher ses préférences en matière religieuse.

Dans les ...., il n'y a pas d'obligation de neutralité

en matière religieuse. Dans certains métiers, il est possible d'interdire le port

de signes .... pour des raisons de sécurité.

VOCABULAIRE

Fonctionnaire : toute personne qui travaille au service de l'État.

Service public : activité exercée par l'État dans le but de répondre à un besoin fondamental de la population (éducation, santé, sécurité...).

Doc. 1 La laïcité dans les services publics

Le cadre juridique de la laïcité dans les services publics impose une stricte neutralité pour les agents publics. Un agent public qui mani-
5 feste ses convictions religieuses peut être sanctionné pour manquement à l'exigence de neutralité. En revanche, les usagers des services publics ont le droit d'exprimer leurs
10 convictions religieuses.

« Laïcité : son application dans les services publics », Vie publique.fr, 9 décembre 2016.

Guide pratique du fait religieux dans les entreprises privées, ministère du Travail, 2016.

Doc. 2 La laïcité dans l'entreprise

1. Est-ce que je peux refuser d'obéir aux ordres de mon employeur pour des raisons religieuses ?	1. Non, c'est une faute, que ce soit pour des raisons religieuses ou non.
2. Est-ce que je peux être sanctionné(e) si je refuse d'accomplir certaines tâches pour des raisons religieuses ?	2. Oui, si vous avez été embauché(e) pour faire ces tâches.
3. Est-ce que je peux refuser la visite médicale obligatoire pour des raisons religieuses ?	3. Non, c'est une obligation pour tous les salariés.
4. Est-ce que je peux installer des objets religieux dans mon espace de travail ?	4. Oui, vous avez le droit sauf si cela peut causer un trouble dans l'entreprise (contact avec la clientèle, bureau partagé avec des collègues).
5. Si je demande la mise à disposition d'un lieu pour prier, mon employeur peut-il refuser ?	5. Oui, il/elle n'est pas obligé(e) d'accepter. Cependant, rien ne le lui interdit.
6. Est-ce que je suis obligé(e) de dire à mon employeur le motif religieux de ma demande de congés ?	6. Non, rien ne vous y oblige. Si vous le dites, votre employeur n'est pas non plus obligé de vous l'accorder.
7. Pendant un entretien d'embauche, a-t-on le droit de me demander ma religion ou ma pratique religieuse ?	7. Non, c'est interdit par la loi.
8. Mon employeur peut-il m'interdire de discuter de religion dans l'entreprise ?	8. Non, il/elle ne peut pas vous l'interdire sauf si ces discussions provoquent un trouble dans l'entreprise.

■ Soulignez d'une couleur vos droits et d'une autre vos devoirs en matière religieuse au sein d'une entreprise.

500 km

0

0   1 000 km

Échelle à l'équateur

CRÉDITS

Images de couverture : gauche : Bridgeman Images ; droite : Pep Companys/AFP.

p. 9 : Atlantis/AdobeStock ; p. 10 : Bis/Archives Nathan ; p. 11 (g) : Archives Larbor/Jeanbor ; p. 11 (d) : Bridgeman Images ; p 12 (h) : Bridgeman Images ; p. 12 (b) : Archives Charmet/Bridgeman Images ; p. 15 : BIS/Ph. Jeanbor © Archives Larbor ; p. 16 : Archives Charmet/Bridgeman Images ; p. 17 : Leemage/Bridgeman Images © ADAGP, Paris, 2019 ; p. 18 (h) : Bridgeman Images ; p. 18 (b) : Gaston Paris/Roger-Viollet ; p. 19 : Collection KHARBINE-TAPABOR ; p. 20 : Collection IM/KHARBINE-TAPABOR ; p. 22 : Bridgeman Images ; p. 24 (h) : Bibliothèque nationale de France ; p. 24 (b) : Bridgeman Images ; p. 25 : laufer/AdobeStock ; p. 26 : Raymond Darolle/Corbis Sygma/Getty Images ; p. 27 (h) : BIS/Ph. Coll. Archives Larbor ; p. 27 (b) : KEYSTONE/GAMMA-RAPHO ; p. 28 (h) : KEYSTONE/GAMMA-RAPHO ; p. 28 (b) : Moisan © ADAGP, Paris, 2019 ; p. 31 : Coll. Musée de la Résistance Nationale, Champigny-sur-Marne ; p. 32 (h) : Archives Charmet/Bridgeman Images ; p. 32 (b) : Agence Interpress/Bibliothèque Marguerite Durand/Roger-Viollet ; p. 33 : Alain Gesgon/CIRIP ; p. 34 : Henri Cartier-Bresson/Magnum Photos ; p. 35 : Daniel Simon/GAMMA-RAPHO ; p. 36 : Bibliothèque nationale de France, Paris ; p. 41 (h) : 12ee12/AdobeStock ; p. 41 (b) : mpanch/AdobeStock ; p. 42 : © CCI/Bridgeman Images ; p. 45 (h) : KEYSTONE/GAMMA-RAPHO ; p. 45 (b) : DPA/Picture Alliance/Leemage/Bridgeman Images ; p. 46 (h) : Presse- und Informationsamt der Bundesregierung ; p. 46 (b) : Bertrand Guay/AFP ; p. 49 : Commission européenne ; p. 50 (h) : © Cummings, Droits réservés ; p. 50 (b) : Patrice Thebault/OnlyFrance.fr ; p. 51 : Alain Gesgon/CIRIP ; p. 52 : Frec Marie/hanslucas.com ; p. 54 (g) : Commission européenne/Représentation au Luxembourg/Europoa Grafica, ENA ; p. 54 (d) : Alain Gesgon/CIRIP ; p. 59 (hd) : widyaastuti/AdobeStock ; p. 59 (bg) : varfolomeija/AdobeStock ; p. 59 (bd) : annbozhko/AdobeStock ; p. 60 : © London News Pictures/ZUMA-REA ; p. 64 (h) : © Fritz Behrendt, Droits réservés ; p. 64 (b) : http://www.touteleurope.eu/ ; p. 65 : Henry Nicholls/Reuters ; p. 67 : Fourmy/Andia.fr ; p. 68 : Ville de Vannes ; p. 70 (hg) : © Matera 2019, Droits réservés ; p. 70 (hd) : JFL Photography/AdobeStock ; p. 70 (bg) : rh2010/AdobeStock ; p. 70 (bd) : © Plovdiv 2019, Droits réservés ; p. 72 (h) : Sion Touhig/Getty Images ; p. 72 (b) : John D McHugh/AFP ; p. 73 : ikuvshinov/AdobeStock ; p. 74 : Jürgen Effner/DPA/Picture-Alliance/AFP ; p. 82 : Photo-aerienne-France.fr/middlekoop ; p. 85 : andresr/Getty Images ; p. 86 : Marinetrafic.com ; p. 88 (g) : China out/AFP ; p. 88 (d) : Guillaume Souvant/AFP ; p. 92 : Scott Peterson/Getty Images ; p. 96 (h) : Courtesy of Education New Zealand ; p. 96 (m) : capucinebailly.com ; p. 96 (b) : Laurent Grandguillot/REA ; p. 97 : Boris Horvat/AFP ; p. 100 : Thomas d'Hoste/Aéroports de Paris ; p. 101 : Francis Dean/Getty Images ; p 102 : Michael Vi/Shutterstock ; p. 104 : Thomas Grabka/LAIF-REA ; p. 108 : Planet Observer/Universal Images Group/Getty Images ; p. 114 : © Ville de Sens ; p. 115 : Philippe Guignard/Air Images ; p. 116 : Francis Cormon/Hemis/AFP ; p. 117 : Augustin Lazaroiu/Shutterstock ; p. 118 : https://www.un.org/sustainable-development/ Le contenu de cette publication n'a pas été approuvé par les Nations unies et ne saurait refléter les positions des Nations unies ou de ses représentants et États membres ; p. 120 (h) : © IGN, échelle 1:17055 ; p. 120 (b) : Laurent Grandguillot/REA ; p. 122 (h) : © Google Maps ; p. 122 (b) : Eric Feferberg/AFP ; p. 123 : the-8monkey/AdobeStock ; p. 124 : Grand Angoulême 2025 ; p. 127 : © Ville de Lons-le-Saunier , p. 128 : Laurent Grandguillot/REA ; p 129 : © Unité mobile pour l'AdCF ; p. 130 (g) : Agglomération Provence Verte ; p. 130 (d) : Ville d'Angers et Angers Loire Métropole/Direction de la Communication et du rayonnement/Visuel de Une : Créative Corner, Éloïse Groussolle ; p. 133 : Denis Costille/Shutterstock ; p. 134 : Catherine Chombart – Préfecture du Morbihan ; p. 136 : Charte de l'environnement ; p. 138 : Patrick Hertzog/AFP ; p. 139 : © Antonin Grenier ; p. 142 (h) : jasckal/AdobeStock ; p. 142 (b) : NeydtStock/Shutterstock ; p. 143 : gouvernement.fr ; p. 144 : ANSSI ; p. 145 : Ministère des armées/Secrétariat général pour l'administration ; p. 146 : Defense.gouv.fr ; p. 147 : zigzag design/Shutterstock ; p. 148 : BIS/Ph. Hubert Josse © Archives Larbor ; p. 150 : Observatoire des pratiques de la presse lycéenne ; p. 154 : Christophe Lehenaff/Photononstop/AFP.

Édition : Anaëlle Férez, Séverine Martineau
Conception maquette : GRAPH'M
Conception couverture : Laurence Durandau
Mise en page : Desk
Cartographie : Légendes cartographie
Fabrication : Christine Aubert
Relecture : Agnès Coquin

Impression : Sepec-Numérique – Août 2021 – N° d'impression : N06601210975
N° éditeur : 10277315
Dépôt légal : Mai 2020